Hans von Zwehl

Die Schlachten im Sommer 1918 an der Westfront

EHV
HISTORY

Hans von Zwehl

Die Schlachten im Sommer 1918 an der Westfront

ISBN/EAN: 9783955644437

Auflage: 1

Erscheinungsjahr: 2013

Erscheinungsort: Bremen, Deutschland

EHV
HISTORY

Die Schlachten im Sommer 1918

an der Westfront

Von

Hans v. Zwehl
General der Infanterie a. D.

Mit zwei Skizzen im Text.

Berlin 1921 / Verlag von E. S. Mittler & Sohn

Inhaltsverzeichnis.

Seite

Einleitung   3

Der deutsche Angriff vom 15. bis 17. Juli 1918 zwischen Dormans-Reims
und Tahure   6

Die Kämpfe vom 18. bis 22. Juli 1918   .   14

Die Rückzugskämpfe vom 23. Juli bis Anfang August 1918   18

Die Schlachten zwischen Arras und Soissons vom 8. August bis Ende
August 1918   21

Betrachtungen .   .   .   28

Der Marschall Foch als Feldherr im Jahre 1918   34

Schluß   40

Einleitung.

Die Zahl der Bücher, Flugschriften und Einzelaufsätze, die sich mit Erinnerungen, Enthüllungen, operativen und philosophischen Betrachtungen über den Weltkrieg beschäftigen, ist schon jetzt, wo erst zwei Jahre
seit dem letzten Schuß verflossen sind, sehr groß. Auch der die militärische
Fachliteratur aufmerksam Verfolgende hat Mühe alles darüber Gedruckte
zu lesen, geschweige mit Gründlichkeit zu studieren. Die eigentliche Taktik,
die genauere Schilderung, wie die Kämpfe verlaufen sind, ist ein viel
weniger beachtetes Feld. Und doch sollte es vom Nützlichkeitsstandpunkt
umgekehrt sein, auch wenn man dem Barnekowschen Wort von der Ver-
hältniszahl der Strategen zu den Taktikern nur cum grano salis zustimmen
will. Wir bedürfen vieler Führer im Gefecht, Männer, die genau wissen,
„wie es vorne zugeht", und nur weniger, die außerdem noch für die großen
operativen und organisatorischen Fragen des Krieges das richtige Verständnis haben. Man muß betonen a u ß e r d e m n o c h. Wenn es nämlich
dem Feldherrn an dem richtigen Verständnis für die Taktik fehlt, wenn
er das Augenmaß dafür verliert, was taktisch noch möglich ist, so steht es
schlimm um den Erfolg. Alle großartigen „C a n n ä - G e d a n k e n"
werden zu Phantastereien, zu einem gefährlichen Gift, sobald die rein
taktischen Möglichkeiten übersehen werden, wenn, auf Grund unter anderen
Verhältnissen erzielter Erfolge, der Grundsatz sich breit macht: es wird
schon gehen! nur Mut, wer nicht wagt, nicht gewinnt! E r s t w ä g e n
d a n n w a g e n. Zwischen Zaghaftigkeit und übertriebenem Wagemut
muß den Feldherrn sein klarer Blick, sein Scharfsinn die richtige Mitte
finden lassen. Er muß mit beiden Füßen fest auf dem Boden der taktischen
Wirklichkeit stehen.

Der nachfolgende Aufsatz wird sich wenn auch nicht ausschließlich so
doch mehr mit dem taktischen Verlauf als der operativen Anlage der entscheidenden Kämpfe im Sommer 1918 beschäftigen, den Kämpfen, die das
Schicksal Deutschlands besiegelten.

Der Feldmarschall v. Hindenburg hat in den Schilderungen „Aus
meinem Leben" die Gründe dargelegt, weshalb Anfang 1918 der Entschluß
zum Angriff an der Westfront geboten war. Der General Ludendorff be-
trachtet eingehend die verschiedenen Angriffsmöglichkeiten. Wir sind auch
ohne Kenntnis aller Einzelheiten schon während des Krieges diese Gründe

1*

völlig einleuchtend gewesen. Heute, wo wir noch mehr von unseren Gegnern
wissen, erst recht. Die Lage bei unseren Bundesgenossen, und zwar die
inneren wie die Verhältnisse an den Kampffronten, die Stimmung in der
deutschen Heimat, wie diejenige an der Westfront forderten gebieterisch den
Angriff. Dies alles wurde verstärkt durch das in sicherer Aussicht stehende
Erscheinen starker amerikanischer Truppen. Der Angriff brachte uns auch
Anfangserfolge, wie sie keinem der gegnerischen Durchbruchsversuche be-
schieden waren. Wir trieben sowohl gegen Amiens—Montdidier, wie
gegen die Marne-starke Bogen in die feindlichen Stellungen. Dann gerieten
die Angriffe ins Stocken. Der erstrebte Ausbau der Erfolge in den Kämpfen
bei Arras, bei Ypern, am Kemmel gelang teils nur dürftig, lief teils auf
direkte Fehlschläge hinaus, namentlich stand der Erfolg in argem Miß-
verhältnis zu den gebrachten Opfern an Kampfkraft der Truppen. —

So bedingungslos man der Offensive im Frühjahr 1918 auch zustimmen kann, wenn zu dieser Zeit nicht schon der Krieg verlorengegeben
werden sollte, und dazu lag kein Anlaß vor, entsteht doch die Frage, ob
die Fortsetzung nicht die deutschen Kräfte überstieg und neue Entschlüsse
unvermeidlich machte. Die Beantwortung dieser Frage mögen die folgenden
Ausführungen ergeben.

In dem Raume von Amiens hatte die Offensive in ein Gelände geführt, das hinter sich die Wüste des Vorfeldes der Siegfriedstellung hatte.
Für einen längeren Aufenthalt war die Stellung ungeeignet, einen neuen
Winterfeldzug in ihr zu führen kaum möglich. An der Marne, auf dem aus-
springenden Bogen westlich Soissons über Château-Thierry—Dormans—
Reims, der durch unseren erfolgreichen Angriff Ende Mai und im Juni
genommen war, lagen die Verhältnisse weniger ungünstig. Die Zer-
störungen in und hinter der Front waren gering. Beim Durchfahren der
weiten Strecken zwischen Aisne und Marne passierte man viele Gegenden,
die vom Kriege wenig berührt erschienen. Hier waren aber die rückwärtigen
Verbindungen mangelhaft. Vor einem großen Angriff war umfangreiche
Ergänzung des Eisenbahnnetzes unvermeidlich. Das erforderte Zeit.
Außerdem mußte den stark abgekämpften Divisionen einige Ruhe gewährt,
der nur spärlich fließende Nachersatz herangezogen, eine Umgruppierung
der Artillerie vorgenommen werden.

Dies alles verursachte einen Aufschub der Fortsetzung des Angriffs in
dem Gebiet beiderseits Reims um sechs Wochen. In Flandern, bei Arras
—Amiens—Montdidier—Soissons ist er überhaupt nicht mehr in Frage
gekommen. Ob diese Gründe so zwingend waren, um die mit der Verzögerung verbundenen Nachteile in den Kauf zu nehmen, muß dahingestellt bleiben. — Zu einem Ausbau der gewonnenen Stellungen auf dem

Nordufer der Marne ist dieser Aufenthalt nicht benutzt worden. Erst in der zweiten Hälfte des Juni wurde auf die Befestigung der an den Talhängen der Marne gelegenen Dörfer durch Barrikaden, Drahtverhaue und Ma= schinengewehrnester hingewiesen, eine H a u p t w i d e r st a n d s linie fest= gelegt. Die Truppe war nach den Gefechten stark erschöpft, in den Be= ständen schwach, der Feind störte bei Tage und bei Nacht die Arbeiten durch Feuer, die Arbeitsleistungen konnten nur gering sein. Außerdem lag der Gedanke an Fortsetzung der Offensive in der Luft, was die Neigung zum Stellungsbau immer stark beeinträchtigt. Da die später einsetzenden französischen Gegenangriffe zwischen Dormans und Reims keine Erfolge hatten, ist das Fehlen gut ausgearbeiteter Stellungen für die Deutschen nicht verhängnisvoll geworden. Der hier später angetretene Rückzug hatte in operativen Gründen, nicht in der taktischen Überlegenheit der Gegner seine Ursache.

Der deutsche Angriff vom 15. bis 17. Juli 1918 zwischen Dormans-Reims und Tahure.

(Hierzu Skizze 1 auf S. 10.)

Für die Fortsetzung der Offensive war die Gegend beiderseits Reims gewählt. Der Angriff sollte den vom Gegner gehaltenen Bogen von Reims abschnüren und die deutschen Linien über die Marne, bis nach Epernay und östlich gegen Chalons s. Marne vorschieben. Zu diesem Zwecke wurde der größte Teil der 7. Armee aus der Gegend östlich Château-Thierry bis Chambrecy (östlich Ville en Tardenois) zum Vorstoß in süd-östlicher Richtung angesetzt. Wenn in den folgenden Schilderungen von den Generalkommandos die Rede ist, so sind darunter nur die ursprünglichen Korpsstäbe zu verstehen, denen die Divisionen unterstellt waren. Meist hatten diese Generalkommandos von den bei der Mobilmachung oder später ihnen zugewiesenen Divisionen keine mehr unter sich. In den Personalien standen diese, und bei dem fortwährenden Wechsel mußte es so sein, nicht mehr unter den Generalkommandos. Der Kommandierende General sank mehr und mehr zu einer Verwaltungsstelle herab, ein Zustand, der, wenn auch ein Gebot der bitteren Not, doch ungesund war und von klarsehenden Divisionskommandeuren auch so empfunden wurde. — Sie haben es oft bemerkt, daß ihnen die Stütze des Kommandierenden Generals für die Durchsetzung ihrer Wünsche nach oben fehlte. Wenn man außerdem an-nimmt, daß zu den Stellungen der Kommandierenden Generale doch nicht gerade überall und grundsätzlich ganz ungeeignete Persönlichkeiten aus-gesucht worden sind, so wird deren Ausschaltung doch kaum als eine für die Zukunft besonders empfehlenswerte Maßregel anzusehen sein. — Die Generalkommandos, meist Gruppen und mit dem Namen des Führers bezeichnet, bestanden in der Regel aus drei oder vier bis fünf Divisionen.

Für den Angriff waren verfügbar:

das XXIII. R. K. beiderseits Mezy,

das VIII. R. K. östlich anschließend bis Dormans,

das IV. R. K. zwischen Dormans und Anthenay,

Gen. Kdo. 65 zwischen Anthenay und Chambrecy.

Für die drei Korps XXIII. R. K., VIII. R. K. und IV. R. K. galt es zunächst die Marne angesichts des Feindes zu überschreiten. Der Fluß ist 70 bis 80 m breit und 3 bis 4 m tief. Die Stromgeschwindigkeit beträgt durchschnittlich 0,5 bis 0,7 m. Die beiderseitigen Ufer sind fest und etwa 1 bis 1,5 m über Normalwasserstand. Die nahe an das Marnetal herantretenden Berge überhöhen die Talsohle an vielen Stellen um 170 m. Die unteren Hänge sind größtenteils kahl und deshalb die Vorbereitungen zum Brückenschlag wie das Heranführen der Truppen dem feindlichen Feuer ausgesetzt, wenn der Gegner ihn rechtzeitig erkennt und stören will. Ist das Wasserhindernis überwunden, so mußte ein im Tal laufender verteidigungsfähiger, vom Gegner noch verstärkter Bahndamm gestürmt und damit der Fuß der Süduferhöhe genommen werden. Dort findet der Angreifer zwar einzelne tote Winkel, aber es ist der anstrengende Aufstieg zum jenseitigen Talrand vorzunehmen. Wie bei den meisten Flußüber= gängen war Festsetzen und Ausbreiten an dem feindlichen Ufer schwieriger als der Brückenschlag und das Überschreiten des Flusses selbst. Umfang= reiche Befestigungsanlagen, viele vorbereitete Artilleriestellungen waren zur Aufnahme der etwa vom Ufer zurückgedrängten Franzosen bereit. Nordöstlich Berneuil war die deutsche Linie noch nicht bis an den Fluß vorgetrieben. Es galt hier zunächst ein umfangreiches französisches Stel= lungssystem westlich und nördlich Bandières zu durchstoßen, zahlreiche kleine und große Waldstrecken zu durchschreiten, Bachabschnitte zu über= winden, ehe man auch nur die Ausläufer des Forêt de la Montagne de Reims erreichte. — Diese Aufgabe fiel dem linken Flügel des IV. R. K. und dem Gen. Kdo. 65 zu. Auf dem linken Flügel der 7. Armee stand das VI. R. K., es sollte sich dem Vorgehen des Gen. Kdo. 65 nach den Umständen anschließen: eine etwas elastische Direktive, denn die ganze Gegend um Reims war in mehrjähriger Arbeit durch zahlreiche Stellungen hintereinander ausgebaut, auch führte der Angriff in ein schwer zu durch= schreitendes Bergland.

Unter der Annahme, daß der Angriff erfolgreich verlaufen würde, sollte er beiderseits der Marne, die Mitte Richtung auf Epernay, ein= schlagen, der rechte Flügel die umfangreichen Waldungen Forêt d'Enghuien und Forêt de Vassy durchschreiten. Beide Wälder sind von zahlreichen Seen und Sümpfen durchsetzt. Jeder, der französische Waldungen kennt, mußte das als ein sehr schwieriges, überaus zeitraubendes Unternehmen einschätzen.

Von der 1. Armee umschloß das XV. A. K. Reims, es sollte den Angriff durch Feuer unterstützen, während die links, östlich, anschließenden drei Korps: VII. R. K., XIV. A. K., XXIV. R. K. geradeaus, in südlicher Richtung zwischen Reims und Dontrien vorzugehen hatten.

Die 3. Armee erhielt mit drei Armeekorps: XII. A. K., I. B. A. K., XVI. A. K., die Angriffsfront in Richtung Mourmelon le Gr.—Suippes und östlich. Eine weitere Ausdehnung des Angriffes nach Osten, wenn er günstig verlaufen würde, war ins Auge gefaßt.

2*

Der Angriffsentwurf hatte sich danach drei Aufgaben gestellt, von denen man im Zweifel sein konnte, welche die schwierigste war: Bei der 7. Armee mit drei Korps das Überschreiten eines starken Flußabschnittes und Durchschreiten eines wasserreichen Waldgebiets, mit dem linken Flügel die Wegnahme von wenigstens einem Teil der bewaldeten Berglandschaft des Forêt de Reims, mit dem linken Flügel der 1. und dem rechten Flügel der 3. Armee die Eroberung der auf dem langgestreckten Höhenrücken der Champagne gelegenen feindlichen Stellungssysteme. — Diese drei Auf= gaben standen zwar in einer gewissen Wechselwirkung, bei der großen räumlichen Ausdehnung des ganzen Schlachtfeldes war aber die Aussicht gering, daß die Lösung einer Aufgabe Mißerfolg bei einer anderen aus= gleichen könnte, wenn sich des Gegners nicht eine plötzliche, wenig wahr= scheinliche Zaghaftigkeit bemächtigen würde. — Ein Vordringen über die Marne beiderseits Dormans konnte vielleicht dem Bogen, in dem der Gegner bei Reims stand, von Westen her gefährlich werden, aber auch nur dann, wenn es gelang das ausgedehnte Waldgebiet westlich Epernay bis gegen Condé en Brie in einem Zuge schnell zu durchstoßen, wozu die damalige Kampfkraft unserer Infanterie kaum ausreichte.

Wie bei allen Kampfhandlungen im Stellungskriege war von aus= schlaggebender Bedeutung, daß es gelang den Gegner zu überraschen. Diese Vorbedingung für den Erfolg hat dieser Offensive vollkommen gefehlt. Der gegnerische Oberbefehlshaber hat in der ersten Juliwoche nicht nur über unsere allgemeine Angriffsabsicht und über die Wahl der Angriffs= front, den Zeitpunkt des Antretens, sondern über alle Einzelheiten bis zur Zahl und Lage der Brückenstellen über die Marne genaue und sichere Nachrichten erhalten. Er konnte deshalb nicht allein die nötigen Abwehr= maßregeln für die deutsche Offensive treffen, sondern auch einen entlastenden Gegenstoß größten Stiles rechtzeitig vorbereiten. Die Kräfte für dieses Doppelunternehmen fehlten ihm nicht.

Ausdrücklichem Befehl entgegen war ein Pionieroffizier durch die Marne geschwommen, um am feindlichen Ufer zu erkunden. Er wurde ge= fangen und gab für uns sehr schädliche Auskunft. Auch auf dem Nordufer der Marne gerieten Pioniere in Gefangenschaft. Ein Mann von einer Bäckereikolonne lief über und sagte auch aus, was er wußte. Das sind leider keine Ausnahmeerscheinungen, sondern haften allen Angriffen an, die einer längeren Vorbereitung bedürfen. Bei Verdun ging es uns ebenso, als der Angriff vom 12. Februar bis zum 21. Februar 1916 des schlechten Wetters wegen verschoben werden mußte. — Auch jetzt erlitt der Angriff, weil die Vorbereitungen nicht ganz abgeschlossen waren, eine Verzögerung vom 12. bis 15. Juli. — Lehrreich ist auch, daß am 11. Juli ein französischer

Überläufer die Nachricht über einen beabsichtigten großen Tankangriff aus dem Walde von Cotterêts gebracht hat. Es ist natürlich, daß diese Nach=richt den einmal gefaßten Entschluß zum Angriff nicht mehr ändern konnte. Nach der „Kritik des Weltkrieges von einem Generalstäbler" (S. 230. Leipzig, K. F. Köhler), haben allerdings über die Lage beim A. O. K. 7 eingehende Nachrichten vorgelegen, die einen großen Angriff aus dem Walde von Villers=Cotterêts heraus als wahrscheinlich erkennen ließen. Fliegermeldungen, das Einschießen der feindlichen Artillerie kündigten ihn an und am 9. Juli sagte ihn eine Agentenmeldung für den 14. Juli, den französischen Nationalfeiertag, voraus. Die deutsche 7. Armee soll deshalb mit großer Sorge auf ihre Front Soissons—Château=Thierry gesehen und der O. H. L. gegenüber lebhaft darauf hingewiesen haben, daß die Sicherung der rechten Flanke Vorbedingung für den Angriff über die Marne sei. Das A. O. K. 7 hielt die dort vorhandenen Kräfte für schwach. Aber die O. H. L. konnte keine Verstärkungen zur Verfügung stellen, sie beschränkte sich auf wohlgemeinte Hinweise über die sachgemäße Bereitstellung der Truppen, womit wenig geholfen war.

Es hat kaum Zweck, an der Hand der Lagenkarten die beiderseitigen Kräfte in Parallele zu stellen. Ein Aufrechnen der sich gegenüberstehenden Divisionen würde kein zutreffendes Bild für die Kräfte hüben und drüben geben. Die tatsächlichen Stärken der einzelnen Divisionen, ihr innerer Kampfwert, waren je nach den vorher durchgemachten Gefechten und An=forderungen sehr verschieden. Nur zu oft haben die beliebten Kreise oder Quadrate mit einer sauberen Zahl x J. D. oder y R. D. zu schweren Täuschungen Anlaß gegeben, wenn man vergaß, daß die betreffende Division nur 30 und weniger Gewehre für die einzelne Kompagnie zur Hand hatte. Auch das gilt für beide Parteien, aber für die Deutschen noch mehr als für die Franzosen und Engländer mit ihren zahlreichen Hilfs=völkern aller Art. Die amerikanische Division setzte sich zusammen aus zwei Infanterie=Brigaden, die Brigade zu sechs Bataillonen, einer Artillerie=Brigade zu drei Regimentern, einem Pionier=Regiment, einem Signalkorps, vierzehn Maschinengewehr=Kompagnien. Die Gesamtstärke belief sich auf 27 000 bis 28 000 Mann. Außerdem verfügten die zu vier Divisionen for=mierten Korps noch über eine starke schwere Artillerie; die Division war also mehr als doppelt so stark wie eine deutsche. Dazu kam, daß die Ameri=kaner noch kaum die harte Kost an der Westfront kennengelernt hatten, allen Fährlichkeiten deshalb mit größter Unbefangenheit und ursprünglicher Frische entgegentraten.

Am 15. Juli, morgens, noch während der Dunkelheit, leiteten wir die Schlacht mit einer starken Artillerievorbereitung ein. Die Brückenschläge

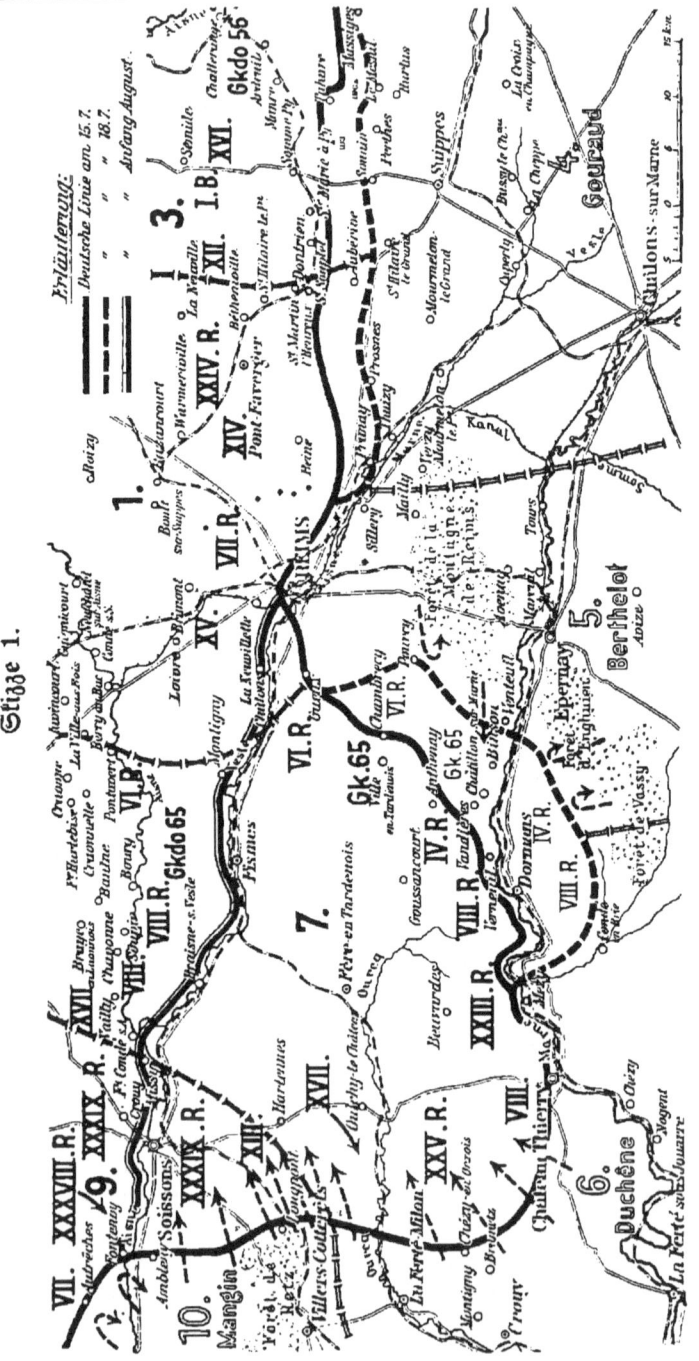

beiderseits Dormans über die Marne glückten, wenn auch teilweise unter erheblichen Verlusten. Die Kampfgase unserer Artillerie hatten ungenügend gewirkt. Die gegnerische Feuertätigkeit war nicht ausgeschaltet. Der Gegner hatte zwei Artillerieaufmärsche hintereinander vorbereitet.

Auf dem rechten Flügel beiderseits Mezy traf das XXIII. R. K. auf starken feindlichen, hauptsächlich von den Amerikanern (4., 5., 1. amerikanische Division) geleisteten Widerstand. Es wurde das Südufer der Marne nur vorübergehend genommen. Der Angriff kam nicht vorwärts, namentlich infolge starker flankierender Artilleriewirkung von Westen. Die übergegangenen Truppen mußten am Abend auf das Nordufer der Marne zurückgenommen werden.

Die östlich anschließenden Korps der 7. Armee hatten etwas mehr Erfolg. Im Verein mit dem linken Flügel des XXIII. R. K. gewannen das VIII. R. K., das IV. R. K. und das Gen. Kdo. 65 den in der Skizze angedeuteten Bogen südlich Dormans—Venteuil—Pourcy—Gueux. Am linken Flügel hatte sich das VI. R. K. an diesem Erfolge durch Zurück= werfen der 8. und 3. italienischen Division, die weniger Widerstandskraft zeigten, wirksam beteiligt.

Indessen war schon am Vormittage erkennbar, daß den Gegner die deutsche Offensive nicht unvorbereitet getroffen, daß er seine Verteidigung nur in eine rückwärtige Linie verlegt, und er zu nachhaltigem Widerstande entschlossen, dazu auch befähigt war. Der erste Erfolg, die Einbringung zahlreicher Gefangener konnte nicht darüber hinwegtäuschen, daß der Tag keinen entscheidenden Schlag gegeben hatte.

Bei der 1. und 3. Armee war er noch geringer gewesen. Bereitstellung, Artillerievorbereitung gingen zwar planmäßig vor sich, aber die deutschen Kampfgase hatten große Wirkung vermissen lassen. Denn auch hier stand die Artillerie des Gegners in mehreren Linien. — Bei der 1. Armee nahm das VII. R. K. das Dorf Prunay, überschritt die Vesle und kam bis an den Marnekanal. Dort empfing die Truppe aber starke Artillerie aus der Front Mailly—Verzy, so daß die Überschreitung des Kanals nicht mehr in Frage kam. Auch die links (östlich) anschließenden Korps, XIV. A. K. und XXIV. R. K., bemächtigten sich zwar schnell der ersten feindlichen Linie, konnten aber die gegnerischen Hauptstellungen nicht mehr bezwingen.

Bei der 3. Armee war der Verlauf des Kampfes nicht anders. In einem Aufsatz von Commandant Bouchard (Revue mil. générale. Juni= heft 1920) wird ausdrücklich betont, daß der Abschnitt der Champagne der am besten eingerichtete an der ganzen französischen Front gewesen, daß der gegnerische Angriff mit voller Genauigkeit erwartet sei und die Gegen= maßnahmen in aller Muße hätten getroffen werden können. Der Ge=

ländegewinn beschränkte sich auf eine Tiefe von 1 bis 2 km. Der Gegner hatte seine vorderste schon stark zerschoffene Linie nur ganz schwach besetzt und war in eine rückwärtige besser erhaltene Stellung zurückgegangen. Dabei kann man von einem Erfolge nicht sprechen, denn der Angreifer kommt zumeist aus seiner eigenen sorgsam vorbereiteten Stellung in zer= störte Linien, die er erst für seine Zwecke umbauen muß, was lange, mühe= volle Arbeit bedeutet. Während dieser Zeit muß die Truppe unter sehr ungünstigen Lebensbedingungen aushalten. Der auf seine zweite, hier seine Hauptstellung, zurückgegangene Gegner ist in einer erheblich günstigeren Lage. —

Wenn also der Durchbruch der gegnerischen Linie auf größere Tiefe mißlingt, so zwar, daß Freund wie Feind in eine neue Lage kommen, ist sofort die Frage aufzuwerfen, ob es nicht für langfristige Kämpfe vorteil= hafter ist, einen geringen Geländegewinn wieder aufzugeben. Festhaltung einzelner für die Beobachtung, für Flankierung oder als Stützpunkte einer demnächst wieder zu beginnenden Offensive werden davon natürlich aus= zunehmen sein.

Am 16. und 17. Juli bestand zwar noch das Streben, mit der 7. Armee den Anfangserfolg auszunutzen und Marne=aufwärts in dem waldreichen Gelände weiter vorzudringen. Der Gegner setzte aber schon starke durch Tankgeschwader unterstützte Gegenangriffe an. An einzelnen Stellen wurden auch deutscherseits noch kleine, aber die Gesamtlage nicht ändernde Erfolge erzielt. So ergab auf dem äußersten linken Flügel der Angriffs= front die Wegnahme von Massiges eine örtliche Verbesserung der Front. Aber das vom VII. R. K. eroberte Prunay mußte wieder aufgegeben, die Truppen hinter die Vesle zurückgenommen werden, da sie unter dem feind= lichen Feuer zu sehr litten.

Der Marneübergang war zwar ein beachtenswertes Zeichen für den Heldenmut der dabei beteiligten Truppen gewesen, hatte aber eine gefähr= liche Lage geschaffen, übrigens waren die Kämpfe verlustreich und erfolglos verlaufen. Auch der an der Marne errungene Vorteil hatte mit dem Fluß dicht hinter der Front eine selbst für die Kürze der Zeit bei der Schwierig= keit der Verbindungen nach rückwärts eine Lage geschaffen, die ohne jeden Aufschub eine Änderung erheischte. Es wurde deshalb auch schon am 17. Juli abends, als das Scheitern des Angriffs östlich Reims erkennbar war und die Erfolge westlich als nicht entsprechend angesehen werden mußten, von der O. H. L. angeordnet, Vorbereitungen zum Rückzug hinter die Marne zu treffen. Noch ehe es deutscherseits zu einleitenden Maß= nahmen hierfür kommen konnte, schuf sie der Gegner durch Ansetzen eines großen, mit mächtigen Mitteln ausgestatteten Gegenangriffs, den man schon als den Wendepunkt der deutschen Lage im Jahre 1918 ansehen muß.

Die oben angedeuteten taktischen, dem Angriffe sich entgegenstellenden
Schwierigkeiten legen die Frage nahe, ob es an der deutschen Front nicht
andere Stellen gab, die für die Fortsetzung der Offensive bessere Aussichten
boten. Eine Wiederaufnahme der festgelaufenen Offensive auf Amiens
mochte nicht ratsam sein, obgleich er den Gedanken, die Engländer von
den Franzosen zu trennen, weiter verfolgte und deshalb viel für sich hatte.
Der Angriff fand hier besonders starke Kräfte des Gegners. Der Blick lenkt
sich bei Beantwortung dieser Frage aber auf die Gegend von Ypern—den
Kemmel—Bailleul—Merville. Ein glücklicher Vorstoß in der Richtung
Poperinghe—Hazebrouck, um die Aa als Fronthindernis zu gewinnen, ver-
mied schwierige und zeitraubende Kämpfe um ausgedehnte bewaldete Berg-
landschaften. Operativ versprach dieser Angriff, der die Engländer traf,
durch das Bedrohen des wichtigen Hafenplatzes Dünkirchen gute Wirkung.
Die Engländer waren nach unseren Erfolgen im Frühjahr in einen aus-
gesprochenen Zustand der Nervosität geraten. Wenn man auch die Hoffnung
nicht hegen konnte, sie durch einen weiteren Schlag schon friedensbereit zu
machen, so wäre doch seine Rückwirkung auf die feindliche Stimmung sehr
stark gewesen. Außerdem brachte dieser Angriff die auf dem äußersten
linken feindlichen Flügel bis zur Küste stehenden Belgier in eine gefährliche Lage. Ein Erfolg mußte hier stark wirken. Es ist keineswegs ausge-
schlossen, daß namentlich das stark vertretene flämische Element die Hoffnung
auf einen für die Entente glücklichen Kriegsausgang aufgab. Überlaufen in
großen Massen war möglich. Die Flamen haben sich andauernd, namentlich
in dieser Zeit und mit vollem Recht, darüber beklagt, daß sie in der belgischen Armee die Hauptblutopfer nicht allein absolut, sondern auch relativ
bei dem scheinbar hoffnungslosen Ringen um den Sieg der Entente brächten.
Ein wenn auch kein entscheidender, so doch für die Flamen erkennbarer
Sieg der deutschen Waffen mußte in dieser Periode ihrer Abneigung gegen
die Fortsetzung des Krieges vermehrte Kraft geben, vielleicht zur Auf-
lösung des belgischen Heeres führen. Das hätte sicher den tiefsten Eindruck
auf die Engländer gemacht. Auf den Schlachtfeldern in Flandern hätten
wir die besten Früchte unserer Flamenpolitik in Belgien pflücken können. —
Durch nichts konnte sie wirksamer unterstützt werden als durch Vernichtung
des belgischen Heeres, mit dieser würden alle Verwaltungs- und Auf-
klärungsmaßnahmen über deutsche Stammeszugehörigkeit erst ihren richtigen Wert erhalten haben. Diese politischen Gründe konnten allerdings
niemals allein ausschlaggebend für die Wahl des Angriffspunktes sein, es
handelte sich zunächst um den taktischen Erfolg, dieser war aber in der
Gegend südwestlich Ypern leichter erreichbar als bei Reims.

Auch Ludendorff hat in seinen Erinnerungen (S. 514/15) auseinandergesetzt, daß die Gedanken immer wieder zu dem Angriff in Flandern zurückgekehrt wären, er sei ihm noch zu schwer gewesen und deshalb v e r s c h o b e n worden. Eine genauere Begründung, eine bestimmte Abwägung in taktischer Hinsicht gibt er aber nicht. Die Schwierigkeiten, größere Waldstücke zu durchkämpfen, namentlich wild durchwachsene fran= zösische Waldungen mit ihrem feuchten Untergrund, haben mir auf Grund meiner namentlich vor Verdun gesammelten Erfahrungen eine starke Ab= neigung vor solchen Kämpfen eingeflößt. Ich finde sie durch zahlreiche Bei= spiele in der Kriegsgeschichte bestätigt. — Deshalb scheint mir Ludendorffs Ansicht, der Angriff bei Reims hätte eine gesunde Grundlage gehabt, an= fechtbar. Wie dem auch sei, ihm ist der Erfolg versagt geblieben, darauf kommt es bei den kriegerischen Operationen allein an.

Die Kämpfe vom 18. bis 22. Juli 1918.
(Hierzu Skizze 1 auf S. 10.)

Wann der Marschall Foch den Entschluß gefaßt hat, die deutsche nach Westen gekehrte Front zwischen Soissons und Château=Thierry anzu= greifen, ist noch nicht bekannt. Ob er gleich nach Feststellen unserer Offensiv= absichten, die auf Abschnürung des Reimser Bogens abzielten, mit seinem Plan einen Gegenstoß verfolgte oder schon vorher das Schlachtfeld zwischen Soissons und Château=Thierry als zu einer größeren Entscheidung geeignet ausgesucht hat, muß dahingestellt bleiben. Ein besonderer Scharfblick gehört weder zu dem einen noch zu dem andern Entschluß. Der stark vor= springende Bogen der deutschen Front an der Marne forderte offensichtlich zu einem Hauptangriff von West nach Ost und zu einem Nebenangriff aus dem Bergwald von Reims nach Westen heraus. — Vergegenwärtigt man sich die Schwierigkeiten, die das Bereitstellen der Truppen und des um= fangreichen Materials erforderte, so ist es wahrscheinlich, daß die Wahl für die Angriffsfront von Foch lange feststand als der deutsche Vorstoß am 15. Juli über die Marne und östlich Reims einsetzte. Ludendorff spricht sich in seinen Kriegserinnerungen nicht darüber aus, er sagt nur, „daß es sich um einen großen Gegenangriff des Generals Foch" gehandelt hätte. Die Frage ist nur dann von Erheblichkeit, wenn man untersuchen möchte, ob die französische Heeresleitung die gefährliche Lage der deutschen Front mit ihrer fehlerhaften Linienführung erkannt hat, oder ob sie erst durch den deutschen Angriff auf den Gedanken gebracht ist, mit einem Gegenangriff unseren Vorstoß abzuwehren. Ich halte das erste für vorliegend — auch die oben erwähnte Meldung des Überläufers vom 11. Juli über das Zu=

sammenziehen starker Tankgeschwader im Walde von Cotterêts berechtigt
zu dem Schluß. Der Plan setzt kein besonderes Führergenie voraus, er
war ganz aus der Lage gegeben.

Nach einer Veröffentlichung des französischen Generals Mangin über
diese Periode des Krieges nimmt dieser das Hauptverdienst für die Wahl
der Angriffsrichtung in Anspruch. In seiner Schilderung („Comment finit
la guerre" Revue des deux mondes vom 1. Juni 1920) erzählt er,
daß er als Führer der 10. Armee, der deutschen nach Westen gekehrten
Front gegenüber, durch eine Zahl kleiner Angriffe den großen Vorstoß vor=
bereitet hätte, und zwar schon von Ende Juni an. Am 29. Juni hätte sein
Angriffsplan auch die formelle Billigung des Generals Petain, seines Ober=
befehlshabers, erhalten. Als aber am 15. Juli die dafür nötigen Truppen=
verschiebungen schon zwei Tage im Gange gewesen wären, hätte Petain sie
angehalten, weil sich die Anzeichen für eine unmittelbar bevorstehende
deutsche Offensive vermehrt hätten. Foch als Generalissimus hätte diesen
Gegenbefehl aber wieder rückgängig gemacht, so daß die Bewegungen fort=
gesetzt seien.

Die deutsche Kampflinie, gegen die der feindliche Angriff am 18. Juli
erfolgte, begann bei Autrêches auf dem nördlichen Aisneufer. Sie erstreckte
sich südlich der Aisne über Amblenn in ziemlich gerader Richtung auf
Longpont, von dort mit einer leichten Ausbuchtung bei La Ferté Milon,
diese Stadt vor der Front lassend, nach Süden und schwenkte über Chézy en
Orxois in südöstlicher Richtung auf Château=Thierry am Nordufer der
Marne entlang. — Über den Ausbau dieser Verteidigungslinie stehen
keine zuverlässigen Angaben zur Verfügung. Da eine Fortsetzung der
Offensive geplant, mindestens in der Luft lag, kann man mit einiger
Sicherheit behaupten, daß hier ebensowenig etwas geschehen war wie an
der Marne. In etwa sechs Wochen ist der planmäßige und gute Ausbau
einer Stellung kaum möglich. Die Hauptschwäche der Linienführung lag
darin, daß der ausgedehnte Wald von Villers=Cotterêts dicht vor einem
großen Teil der Stellung den Einblick in die feindlichen Angriffsvorbereitun=
gen ausschloß. Dies war namentlich für die unbemerkte Bereitstellung der
starken Tankgeschwader von entscheidender Bedeutung. Nicht allein für
die Bereitstellung, sondern auch für die rechtzeitige Bekämpfung durch
die deutsche Artillerie. Mangin sagt, bei seiner Armee hätten sich
321 Tanks befunden. — Die Besetzung auf dem rechten Flügel hatte das
VII. A. K. An der Aisne folgten das XXXIX. R. K. und weiter südlich
das XIII. (Württemb.) A. K., das XXV. R. K. und bei Château=Thierry
das VIII. A. K. — Die drei Korps des rechten Flügels unterstanden dem
A. O. K. 9, die zwei Korps des linken dem A. O. K. 7. Während der Kämpfe

3*

wurden zwischen dem VII. A. K. und dem XXXIX. R. K. noch das
XXXVIII. R. K., zwischen dem XIII. A. K. und XXV. R. K. das
XVII. A. K. eingeschoben.

Die Korps zählten auch hier im allgemeinen vier Divisionen von un=
gleicher Stärke hinsichtlich der einzelnen Regimenter. Allgemein waren die
Truppen durch eine Grippe=Epidemie und durch die vorangegangenen
Kämpfe stark angegriffen. Da die Gegner nach dem Eintreffen der ameri=
kanischen Hilfe stark überlegene Kräfte verfügbar hatten, war es ihnen
gelungen, auch durch häufige Teilangriffe auf verschiedenen Punkten der
Front nicht allein den deutschen Gegner vielfach zu schädigen, sondern auch
in Ungewißheit zu halten, ob und wo es ihm mit einem großen Angriff
Ernst war. Die Schwäche der 7. Armee an ihrer Westfront war auch dem
Gegner nicht entgangen. Es war bei der gegenüberstehenden 10. fran=
zösischen Armee bekannt, daß die deutschen Kompagnien nur 40 bis 50 Mann
zählten. Der Oberbefehlshaber hat gemeldet: „Der Feind ist infolge seiner
Rückschläge sehr geschwächt, aber den Abschnittskommandeuren ist befohlen,
unbedingt ·zu halten, ohne auf Verstärkung zu rechnen. Die Hauptkräfte
des deutschen Heeres sind für die große Offensive bereitgestellt. Die Lage ist
deshalb für einen Angriff besonders günstig." — Irgendwelche Vorbereitun=
gen des Gegners, die auf seine Angriffsabsicht hätten deuten können, sind
nicht erkennbar geworden. Ludendorff sagt in seinen Erinnerungen
(S. 540), daß ihm ein Divisionskommandeur mitgeteilt habe, er hätte am
17. Juli in der vordersten Linie sich aufgehalten und den Eindruck tiefsten
Friedens gewonnen. Der Angriffsbefehl wäre der französischen Truppe erst
wenige Stunden vor dem Antreten bekannt gegeben und Nachrichten, die
unmittelbar vor Beginn des Kampfes in unsere Linie gekommen wären,
seien nicht mehr durchgedrungen. —

Es war bekannt, daß die Tankgeschwader vorwiegend nachts an die
Kampflinien herangebracht wurden, und daß, sobald sie in deren Nähe
kamen und ihr lautes Geräusch hörbar werden konnte, man dies durch leb=
haftes Artilleriefeuer zu verdecken suchte. — Trotz der Schwierigkeiten, eine
so große Masse Tanks vorzubringen, ist die Geheimhaltung überraschend
gut gelungen.

Eine längere artilleristische Vorbereitung des Angriffs fand nicht statt.
Es setzte vielmehr nur am 18. 6 Uhr vormittags ein starker Feuerschlag ein
und unmittelbar hinter ihm traten die Truppen zum Angriff an. Er richtete
sich nördlich der Aisne gegen das VII. A. K. und wurde glatt abgewiesen.
Aber auf der übrigen Front bis westlich Château=Thierry gewann der
Gegner erheblich Boden, erbeutete zahlreiche Geschütze und machte viele
Gefangene. Die Kampfweise war überall die gleiche. Es fuhren die Panzer=

wagen in einer bis dahin nicht beobachteten Zahl, gedeckt durch Wald und hohes Getreide, vor und hinter ihnen Schutz suchend folgte die Infanterie. Als besonders wirkungsvoll erwiesen sich niedrige Tanks, die durch unsere Linie vorfuhren, Maschinengewehre mit Bedienung absetzten, zurückfuhren und dies Manöver wiederholten. Letzteres bestreitet Mangin.

Am tiefsten war das westlich und südlich Soissons auf diese Weise ent= standene Loch, es betrug dort 5 bis 6 km in der Tiefe, übrigens 3 bis 4 km. Abgesehen von den dadurch bedingten starken Verlusten, machte dieser Rückschlag auf die Truppe auch in moralischer Beziehung den tiefsten Ein= druck. Statt einer Fortführung des Angriffs war sie nach schweren Kämpfen zurückgeworfen. Sie hatte das Gefühl, den feuerspeienden Ungetümen der Tanks nicht gewachsen zu sein.

Gleichzeitig mit dem Angriff gegen die Westfront der 9. und 7. Armee hatten die Gegner versucht, beim IV. R. K. und Gen. Kdo. 65 das an den vorhergehenden Tagen verlorene Gelände südwestlich Reims wieder zu gewinnen. Die Versuche schlugen fast völlig fehl, die deutschen Stellungen wurden im wesentlichen behauptet. Wenn noch ein Zweifel bestanden hätte — was übrigens nicht der Fall war —, so mußte er schwinden, daß nämlich der Gegner durch eine von West nach Ost und damit in Übereinstimmung gebracht eine Offensive von Ost nach West den über und an die Marne vorgetriebenen Sack abklemmen wollte. Diese Gefahr und das mangelnde Gefühl der Sicherheit, die übermächtigen feindlichen Angriffe, namentlich denjenigen zwischen Soissons und Château=Thierry, auf die Westfront der 9. und 7. Armee, drängten zu dem Entschluß, den vorspringenden Bogen an der Marne zurückzunehmen. Hinzu kamen die schwierigen rückwärtigen Verbindungen bei einem zwischen der Front und der Aisne sehr mangel= haften Bahnnetz, trotz Neuanlagen und Bahnbauten, die erst zum Teil be= endet, zum Teil nach dem Verlust von Soissons unter dem feindlichen Feuer lagen.

Obgleich am 19. Juli der Feind zwar seine heftigen Angriffe ohne wesentliche Erfolge, mehrfach durch unsere Gegenstöße zurückgeworfen und wieder vordringend, fortsetzte, wurde die vorgeschobene Front in der Nacht vom 19. zum 20. Juli wieder über den Fluß zurückgenommen. Dies gelang ohne Störung des Gegners in musterhafter Ordnung. Aber auch, nachdem dies ausgeführt war, verlangten die zwischen Aisne und Marne ange= sammelten Vorräte an Lebensmitteln, Munition und Kampfmaterial aller Art, wie sie die geplante Fortsetzung der Offensive bedingt hatte, einen ganz allmählichen Rückzug. Trotzdem blieb sehr viel liegen, sowohl Beute= munition aus unserer Offensive wie die für den Angriff jetzt bereitgestellte. — Der Gegner hatte genügend Kräfte, um an der ganzen Westfront der

9. und 7. Armee seine Angriffe fortzusetzen und doch einzelne Punkte mit besonderem Nachdruck zu berennen. Das war namentlich die Gegend südlich Soissons. Hier mußte jeder seiner Erfolge uns besonders gefährlich werden, weil sein Vordringen die Absicht der Abschnürung unserer für die vor= liegenden Verhältnisse besonders unglücklichen Front der Verwirklichung näher brachte. Die Abwehr gelang aber unter Hilfe eingetroffener Verstär= tungen, obgleich diese oft nicht gehörig gegliedert und ohne genügende Kenntnis von Gelände und Kriegslage eingesetzt werden mußten.

Die Rückzugskämpfe vom 23. Juli bis Anfang August 1918.

Während der Kämpfe wurden die Vorbereitungen für den Rückzug planmäßig weiter gefördert und am 22. Juli der Befehl erteilt, die beiden beiderseits Château = Thierry stehenden Korps, das VIII. A. K. und XXIII. R. K., in der Nacht vom 23./24. Juli zurückzuziehen. Da sie den weitesten Weg in die Stellung hinter die Vesle zurückzulegen hatten, in ihrer rechten Flanke am meisten bedroht waren, sollten sie mit dem Räumen beginnen. Noch ehe es zur Ausführung des Rückzuges kam, erfolgte am 23. Juli wieder ein großer allgemeiner Angriff gegen die ganze Westfront der 7. und 9. Armee. Eine starke Feuervorbereitung von einstündiger Dauer ging dem Angriff voraus. Mit zahlreichen Tankgeschwadern griffen Franzosen, unter diesen viele Schwarze und Amerikaner, südlich Soissons bis in die Gegend von Château=Thierry an. Der Angriff wurde, von ganz geringfügigen Geländeverlusten abgesehen, abgewiesen, obschon die Gegner ihn mit immer neuen Wellen an den verschiedensten Stellen oft vier= bis fünfmal hintereinander vorzutragen versuchten.

Der Rückzug konnte daher schrittweise in den folgenden Tagen unter andauernden Abwehrschlachten fortgesetzt werden:

am 24. Juli in der Linie westlich Soissons—Dulchy le Château—Beu= vardes—Verneuil,

am 27. Juli war Mitte und linker Flügel dieser Linie von Hartennes ab auf Fère en Tardenois—Gouffancourt—Ville en Tardenois— Gueux zurückgenommen.

Anfang August stand der linke Flügel der 9. und die 7. Armee in der Aisne—Vesle-Stellung, und zwar das XXXVIII. R. K. und das XXXIX. R. K. auf dem Nordufer der Aisne von Fontenoy bis Condé (9. Armee). — Bei Condé schlossen sich die Korps der 7. Armee an: XVII. A. K., VIII. A. K., VIII. R. K., Gen. Kdo. 65, VI. R. K., weiter öftlich bei Montigny folgte die 1. Armee mit dem XV. A. K. gegen Reims in der früher fchon innegehabten Stellung.

Ludendorff fagt in feinen Erinnerungen (S. 541), als am 22. Juli eine Kampfpaufe eingetreten war, die der Gegner zur Umgruppierung feiner Artillerie, zum Heranbringen frifcher Kräfte und Ergänzung feiner Munition einfchalten mußte, „die Schlachtentfcheidung war für uns aus= gefallen". Das ift infofern richtig, als der Gegner fein angeftrebtes Ziel, den großen Bogen unferer Kampflinie von Soiffons über Château=Thierry —füdlich Dormans nach Reims abzuklemmen, den dort vorhandenen ftarken deutfchen Kräften eine vollkommene Kataftrophe zu bereiten, nicht erreicht hatte. — Der die Ereigniffe vom 18. Juli bis Anfang Auguft zufammen= faffende Bericht der Operationsabteilung der O. H. L. leitet feine Dar= ftellung mit dem Saße ein: „Der Anfangserfolg des Feindes gegen unfere durch Grippe gefchwächten, durch die vorangegangenen Teilkämpfe er= müdeten Divifionen war groß."

Diefes Bekenntnis drückt unfere Lage fehr fchonend aus.

Es ift weder viel Scharffinn noch längere Kriegserfahrung dazu er= forderlich, um abgefehen von allen über die Kämpfe bekannt gewordenen Einzelheiten zu dem Urteil zu kommen, daß in der Gefamtheit die Tage vom 15. Juli bis Anfang Auguft uns einen Kräftefchwund zugefügt hatten, der einer Niederlage gleich kam. Nach einer oberflächlichen Schäßung wird man die Zahl der Divifionen, die abgekämpft ihre Widerftandskraft ftark eingebüßt hatten und für Angriffsgefechte auf eine Reihe von Wochen nicht mehr in Betracht kommen konnten, auf etwa 70 veranfchlagen müffen. Wir waren zwar einer Kataftrophe entgangen, aber doch gefchlagen, darüber konnte kein Zweifel obwalten.

Es ift fchon angedeutet, daß die Kriegslage die Herftellung einer ftarken Grabenftellung mit der Gliederung in mehrere auf wenige hundert Meter hintereinander gelegene Stellungen nicht geftattet hatte. Es hatten dazu die Zeit und die Kräfte gefehlt. — Die in früheren Kämpfen vom Gegner angewendete tagelange Befchießung fefter Grabenftellungen, das „Eintrommeln" unferer Verteidigungslinien hintereinander, hatte außer= dem die „Stellungen" in Mißkredit gebracht. Von ftarken rück= wärtigen Stellungen war vollends keine Rede, und über die Aisne—Besle= ftellung fagt Ludendorff, daß die zurückgehenden Korps von Truppen „in einer notdürftig eingerichteten Stellung Aufnahme gefunden hätten". Da die Besle kaum als Hindernis anzufprechen war, die Verftärkung der Stellung jeßt erft in Berührung mit dem Feinde gebaut werden mußte, war von einer Widerftandskraft kaum die Rede. Allgemein war die Verteidi= gung mit beweglichem Vorfeld eingetreten. Wer aus eigener Erfahrung erkannt hat, welcher andauernde, folgerichtige Druck dazu gehört, um den

Stellungsbau zu fördern, weiß, daß mit der Annahme dieses Grundsatzes bei der in unserem Heere tiefeingewurzelten Abneigung gegen das Schanzen und Graben hierfür bald nichts mehr geschieht. — Der General v. Falkenhayn spricht sich über die während seiner Tätigkeit als Chef des Generalstabes gültigen Bestimmungen für den Stellungskrieg und die später in Anwendung gebrachten Grundsätze eingehend aus (Die Oberste Heeresleitung 1914—1916 in ihren wichtigsten Entschließungen*), S. 31) und lehnt die sogenannte Vorfeldtheorie namentlich bei minder kampfkräftigen Truppen entschieden schon deshalb ab, weil sie das „Sichgefangengeben" begünstige. Auch Ludendorff sagt in seinen Erinnerungen: „Taktisch hatte sich bei Rückzugskämpfen das Vorfeld nicht bewährt. Sein Aufgeben brachte zu leicht Unordnung in die dahinter befindliche Hauptwiderstandslinie" (S. 542). Unter dem 21. Juli befahl das A. O. K. 7. eine Änderung in dem taktischen Verfahren. „Bei schwachen Truppen und bei fehlender Zeit zur sorgfältigen Einrichtung und Befehlsgebung keine oder nur kleine Vorfelder. Eine Linie bestimmen, die jeder als diejenige kennt, um die bis aufs letzte gerungen werden muß. Ist die Lage in dieser fest, können die zunächst dicht davor vorgeschobenen Patrouillen weiter vorgeschoben werden. Artillerie sofort auf Straßen einschießen, auf denen Tanks gegen die Infanterie vorgehen können." — Man erkennt, daß sich der Verfasser doch nicht ganz von der schon Boden gefaßten Vorfeldtheorie frei machen konnte oder wollte. — Ein Hauptnachteil scheint mir darin zu liegen, daß sich das Vorfeld bei dem Stellungsbau auf die Hauptwiderstandslinie, diese aber auf jenes verläßt. Es wird an keiner Stelle etwas Ordentliches geleistet. Die Vorfelder während des Rückzuges waren zwar in die Karten eingezeichnet, in Wirklichkeit waren sie meist aber nicht vorhanden.

Meldungen und Berichte der Kommandeure aus dieser Zeit lassen erkennen, daß die Truppen außerordentlich gelitten hatten. Es wird offen von höheren Führern ausgesprochen, daß ihre Verbände abgekämpft waren, daß der andauernde Einsatz in der Front, das ständige Herumliegen im Freien, Mangel jeglicher Ruhe, andauernde Beschießung, ernste Verluste, Erkrankungen, zu eintönige, häufig unzureichende Verpflegung und monatelange Entbehrung jeglicher Körperpflege bei stark heruntergekommener Bekleidung die Infanterie in ihrer Kampfkraft erheblich beeinträchtigt hatten. — Bei zahlreichen Truppenteilen fehlte die große Bagage, da sie bei dem Herumwerfen der Divisionen von einer Armee zur andern nicht nachgekommen war. Die Infanterie-Bataillone hatten vielfach nur eine Durchschnittsstärke von wenig über 400 Mann, die zahlreichen Spezialisten eingeschlossen. — Auch der Zustand der Pferde wird

---

*) E. S. Mittler & Sohn, Berlin 1920.

als wenig befriedigend, der dauernde Abgang als groß bezeichnet, was bei
dem dürftigen Futter, den großen Anstrengungen und der naturgemäß
nicht immer sorgsamen Pflege selbstverständlich erscheint.

Zweifel, ob zahlreiche Divisionen nicht so abgewirtschaftet waren, daß
sie feindlichen Großangriffen nicht mehr gewachsen wären, erschienen be=
rechtigt. Und doch lag die Wahrscheinlichkeit vor, daß die dem Gegner zur
Verfügung stehenden Massen, die durch Ablösungen und Auffrischung
wachsende Verstärkung, namentlich der ständige Zustrom der Amerikaner,
Fortsetzung der Kämpfe veranlassen würde. Der geringe Wert, den der
Gegner auf den Stellungsbau legte, stützte diese Meinung. Mit einem
Großangriff gegen die als dürftig beurteilte Stellung war also zu rechnen.

Die Schlachten zwischen Arras und Soissons
vom 8. August bis Ende August 1918.
(Hierzu Skizze 2 auf S. 26.)

Am 24. Juli hatte — so schildert Mangin — der General Foch bei
sich die Oberbefehlshaber der verschiedenen Ententeheere, Petain, Douglas
Haig und Pershing, versammelt und ihnen eine Denkschrift mitgeteilt, wie
er auf Grund der an der Marne und Aisne errungenen Vorteile seine weite=
ren Operationen führen wollte. Er betonte die zugunsten der Alliierten
veränderte Gesamtlage: das moralische Element der Truppen hätte sich
gebessert und die amerikanischen Verstärkungen mit 250 000 Mann in jedem
Monat hätten den Verbündeten die materielle Überlegenheit gegeben. Der
Augenblick sei gekommen, ohne Verzug eine allgemeine Offensive zu be=
ginnen. Fünf Einzeloperationen mit kurzen Zwischenräumen sollten die
deutschen Armeen in Unordnung bringen, die Verwendung der Reserven
stören und dem Gegner die Zeit zur Wiederergänzung der Truppeneinheiten
nehmen. Für jede der verschiedenen Operationen wurde der Zweck klar=
gelegt. Die noch im Zuge befindliche und in einigen Tagen abgeschlossene
Offensive an der Marne sollte die Eisenbahn Paris—Avricourt, die zweite
die Eisenbahn Paris—Amiens frei machen, die dritte diejenige von Paris—
Avricourt gegen Commercy durch Abschnürung des Bogens von St. Mihiel
in Besitz nehmen. Der englischen Armee wurde die vierte Operation, um
das nördliche Kohlengebiet wiederzugewinnen, und die fünfte, zur Ent=
lastung von Dünkirchen und Calais, zugewiesen. — Vielleicht hat der Gene=
ral Mangin den Sinn der Darlegungen des Generals Foch nicht ganz erfaßt,
denn es ist unverständlich, was unter den vorliegenden Kampfverhältnissen
gerade die überall stark zerstörten Eisenbahnen als Operationsobjekte für
eine Rolle spielen konnten. Es handelte sich um Angriffe in einzelnen Ge=

bieten und darum, die Deutschen in ihnen zu werfen. — Nachfolgend wird die z w e i t e der fünf Operationen ins Auge gefaßt, es war die wichtigste, in den Folgen schwerste des ganzen Krieges.

Die Angriffe richteten sich gegen unseren von Albert—Villers Breton= neux—Montdidier gegen Amiens vorgeschobenen Bogen. Er war etwas weniger gegen den Feind ausspringend als an der Marne, aber noch ge= nügend, um ihn zunächst von zwei Seiten anzufassen, die Flanken einzu= drücken und dann den Erfolg durch Erweiterung der erzielten Beulen aus= zubauen. Seine großen Mittel gestatteten dem Gegner in allmählicher Folge auf einer Front von 170 km anzugreifen. Die Entscheidung brachten dabei wiederum die Tanks. Auf Geländestrecken, die ihnen keine besonderen Hindernisse, vor allem keine breiten Wasserläufe in den Weg legten, durch= brachen die Panzerwagen in großer Zahl unsere vorderen Linien. War dies gelungen, so schwenkten sie nach den Flanken ab und nahmen unsere Reserven und unsere Batterien unter Feuer. Außer der unmittelbaren Schwächung unserer Gefechtskraft trat dadurch noch eine Unterbindung des Befehlsmechanismus ein. Durch Flaggenzeichen hielten die Tanks unter= einander Verbindung, mittels Brieftauben gaben sie nach rückwärts ihre Meldungen. Der Kampf mit der Tankwaffe hatte nach Zahl und Verwen= dung eine ungeheure nicht geahnte Entwicklung erfahren, dem deutscher= seits nichts Ebenbürtiges entgegengesetzt werden konnte. — Leider! Unsere Industrie hatte, durch viele andere Aufgaben in Anspruch genommen, einen brauchbaren Kampfwagen noch nicht in ausreichender Zahl herstellen können. Ob hierbei nicht auch eine Unterschätzung des gegnerischen neuarti= gen Kampfmittels eine Rolle gespielt hat, bleibe dahingestellt.

Von erheblicher sowohl materieller wie moralischer Wirkung auf unsere Abwehr waren auch die massenhaft auftretenden Tiefflieger, die mit Bombenabwürfen und Maschinengewehren überall in den Kampf eingriffen.

Die verschiedenen Angriffe würden sich nur durch eine in alle Einzel= heiten eingehende Schilderung darstellen lassen, hier kann es sich nur darum handeln, die g r o ß e n P h a s e n dieses Riesenkampfes ins Auge zu fassen.

Am 1. Schlachttage — 8. August — herrschte starker Nebel, der durch künstliche Vernebelung an vielen Stellen noch erheblich verstärkt wurde. Dies verminderte die Wirkung unserer Tankabwehrgeschütze, schaltete sie fast aus. — Die besten Angriffsdivisionen des Gegners, Kanadier und Australier, leiteten den Vorstoß beiderseits der großen Römerstraße Amiens—St. Quentin ein. Daraus entwickelte sich das Schlachtfeld am 8. und 9. August zwischen Ancre und der Avre, das durch die Somme und den Lucebach in drei Abschnitte geteilt, im ganzen eine Breite von 30 km hatte. Der Stoß traf das XI. A. K. und das Gen. Kdo. 51. Es ist durch=

aus bezeichnend für die Wirkung der Tanks, daß auf und beiderseits der
Römerstraße der Angreifer am schnellsten und tiefsten auf 15 bis 18 km
einbrechen konnte, bis ihn in der Gegend von Foucaucourt der deutsche
Gegenstoß traf und wieder einige Kilometer zurückwarf. Auf dieser freien
durch keine Wasserläufe unterbrochenen Fläche waren die Verwendungs=
möglichkeiten der Tanks besonders günstig. Nördlich der Somme betrug
der feindliche Geländegewinn nur 2 bis 3 km, südlich des Lucebaches aber
schon 8 bis 10 km. Daß es dem Gegner möglich war, in dem Winkel
zwischen Somme und Avre die Tanks in großer Menge an die Einbruchs=
stellen heranzubringen, leuchtet ohne weiteres ein, weniger in welcher Art
diese gefährliche Waffe ohne ernste Schädigung sich den Divisionen des
Gen. Kdos. 51 zu nähern vermochte. Möglich ist, daß unter dem Eindruck
des starken Durchbruchs an der Römerstraße die Widerstandskraft unserer
Verteidigung beim Gen. Kdo. 51 Einbuße erlitten hat, oder daß gleich nach
dem ersten Erfolge beiderseits der Römerstraße die Tanks südlich ab=
schwenkten. Es sollen dadurch starke Teile der Truppen des Gen. Kdos. 51
vollständig abgeschnitten sein.

Am 8. August abends hielten die Deutschen die Linie Morlancourt—
Chipilly—Bauvillers—Rosières—Hangest—Contoire an der Avre.

Ein besonderes Intermezzo scheint es gewesen zu sein, als nach dem
Gelingen des Angriffs von Villers Bretonneux auf Foucaucourt englische
Kavallerie zum Nachhauen vorging, aber zusammengeschossen weichen mußte.

Am 9. August vormittags ruhte der Kampf vor dem größten Teil der
Einbruchsfront bei der 2. Armee, der Gegner mußte eine Neugruppierung
seiner Artillerie, Ergänzung der Munition usw., vielleicht auch Ab=
lösung der abgekämpften Truppen vornehmen. Nur bei Le Quesnel und
Hangest kam es zu Angriffen, bei denen die Alliierten sich dieser beiden
Orte bemächtigten. Der hier von dem linken Flügel des Gen. Kdos. 51 und
dem rechten Flügel des III. A. K. geleistete Widerstand wird unter dem
Eindruck der rechts von ihnen erzielten Erfolge des Feindes nicht groß
gewesen sein. Auch südlich Montdidier erfolgte ein Teilangriff, der bis
Assainvillers durchdrang. Der letztere fällt etwas aus dem großen Ge=
danken, nach dem Eindrücken des nördlichen Frontteils den südlichen
Bogen in b r e i t e r F r o n t anzufassen, heraus. Er mag seinen Grund
in örtlichen Umständen oder in der Initiative eines Unterführers haben.

Am Nachmittage nahmen die Engländer ihren Angriff, gestützt auf
die Erfolge des vorigen Tages, mit größtem Nachdruck zwischen der Somme
und der Luce wieder auf und zwangen uns zum Weichen in die Linie
östlich Morlancourt—Proyart—Méharicourt—Rouvroy—Soulchon. Da
hierdurch die Kampffront nördlich der Somme etwas isoliert wurde, er=
folgte auch hier eine Zurücknahme um etwa 1 km.

Der gegnerische Erfolg war also in den zweitägigen Kämpfen ein sehr erheblicher, der Einbruch betrug an der tiefsten Stelle beiderseits der Römerstraße bis zu 21 km. Ohne in Einzelheiten einzugehen, ist klar, daß der größte Teil der auf dieser Front vorhandenen schweren Artillerie in Feindeshand gefallen war. — Noch schwerer aber wog, daß der Gegner den ersten Schritt zum Abklemmen des deutschen Bogens auf Amiens glücklich getan hatte.

Die 2. Phase der großen Schlacht begann.

Es lag nahe, daß an einem der folgenden Tage der andere Bogen südlich Montdidier angefaßt werden würde. Hier den Angriff nicht abzu= warten, sondern freiwillig zurückzugehen, war also der gegebene Entschluß, der auch gefaßt wurde, allerdings in die nicht ausgebaute oder auch nur flüchtig festgelegte rückwärtige Stellung Etelfay—Orvillers—Marest. — Der Gegner erhielt hiervon verhältnismäßig spät Kenntnis, so daß sein Angriff am 10. August ins Leere stieß. — Es kam an diesem wie den nächsten Tagen hier zu Teilkämpfen mit den deutschen Nachhuten. Der freiwillige Rückzug hatte sich bewährt. Man kann deshalb wohl die Frage aufwerfen, ob nicht jetzt noch der Moment gegeben war, auf der ganzen Front zwischen Arras und Noyon zurückzugehen und sogleich schrittweise ohne größere Kämpfe zunächst hinter die Somme und dann in die Siegfriedstellung auszuweichen. Diese Frage läßt sich aber nur beantworten, wenn man die dabei verlorengehenden Bestände an Material, Munition, Verpflegung einschätzen könnte. — Aufgabe der Führung hätte es sein müssen, mindestens seit Beginn der großen französischen Offensive zwischen Soissons und Château=Thierry am 18. Juli diesen Fall ins Auge zu fassen und wenigstens die kostbarsten Bestände an Geschützen und Munition so weit beweglich zu machen, daß man sie ganz oder zum großen Teil recht= zeitig abfahren konnte. War dies geschehen, so ist es ein Fehler gewesen, sich dauernd in schwere verlustreiche Gefechte mit dem Gegner einzulassen — kurz, man hätte ähnlich verfahren müssen, wie es später bei Ypern ge= schehen ist. Aber es bestand leider eine verhängnisvolle Täuschung über die eigene Widerstandskraft und die Stärke des Gegners. Diese war vor allen Dingen durch den an keine Rücksichten gebundenen Einsatz der fremd= ländischen Divisionen erheblich vermehrt. Auf der in den Augustkämpfen in Frage kommenden Front Arras—Soissons standen schon Ende Juli vier kanadische, sechs amerikanische, vier australische und eine neuseeländische Division, im ganzen also 15 solcher Divisionen*). — Annehmen muß man,

---

*) 4., 2., 1., 3. kanadische, 80., 33., 1., 4., 2., 32. amerikanische, 5., 3., 4., 2. australische, eine neuseeländische; nach den bei der deutschen O. H. L. gesammelten Nachrichten von Arras bis nach Soissons aufgestellt. — Ob die Angaben im vollen Umfange zutreffen, ist natürlich ungewiß.

daß zu dem großen Endkampfe die Amerikaner noch weitere Divisionen an die Front gebracht haben.

Die Ententemächte zögerten nicht, ihren Erfolg gegen den von zwei Seiten eingedrückten deutschen Stellungsbogen weiter auszunutzen und damit in den 3. Hauptabschnitt der Schlacht einzutreten. Es fanden nicht allein an zahlreichen Stellen der ganzen Front andauernd Einzelkämpfe statt, der Gegner setzte auch am 16. August gegen die 18. Armee südlich Montdidier bis zum Tal der Oise einen Großangriff an. Es gelang zwar ihm im wesentlichen abzuweisen. Als aber am 18. August sich die Angriffe auch östlich der Oise gegen die 9. Armee bis gegen Soissons ausdehnten und hier 5 bis 6 km tief in heftigem Ringen am 19. und 20. die deutschen Linien zurückdrückten, mußten auch die nordwärts anschließende 18. sowie die 2. Armee in der Richtung auf Roye—Braye—Albert unter steten Kämpfen zurückgehen.

Als vierter Abschnitt der großen Schlacht kennzeichnet sich die Aus=dehnung der Kämpfe auf die Front der 17. Armee beiderseits Boucquoi in der Zeit vom 21. bis 29. August. Es kam wieder eine Front von rund 30 km in Betracht, die am 21. früh mit einem schlagartigen Feuerüberfall belegt wurde. Starke Infanterieangriffe mit zehn britischen Divisionen, vier Tankbataillonen und einer leichten Tankkompagnie folgten. Die im Vorfeld stehenden Bataillone gingen in eine Hauptwiderstandslinie an der Kleinbahn Moyenneville—Miraumont — also 2 bis 3 km — zurück. Hier brach sich der feindliche Angriff an unserem Maschinengewehr= und Artilleriefeuer. Insoweit er an einzelnen Stellen bei Courcelles und Achiet=le=Petit Boden gewann, konnte der Gegner durch Gegenstoß wieder vertrieben werden. — Am 22. August ordnete die 17. Armee einen breiten Gegenstoß an, der zwar die Vorbereitungen des Gegners zur Fortsetzung seiner Offensive störte, aber zu keinem Geländegewinn führte. Er war also erfolglos und wäre vielleicht besser unterblieben, denn mißlungene Angriffe wirken allemal lähmend. Das scheint auch hier der Fall gewesen zu sein, denn als der Engländer am 23. und 24. mit starkem Trommelfeuer seine Angriffe fortsetzte, mußte die 17. Armee auf ihrer ganzen Front 3 bis 4 km Raum geben, so daß sie von ihrer Ausgangsstellung bis zu 10 km zurückgedrängt war.

Gleichzeitig mit diesen Angriffen gingen die Kämpfe bei der 2. und 18. Armee weiter. Mit wechselnden Erfolgen für die Gegner. Am stärksten war der Druck außer bei der 17 namentlich bei der 9. Armee östlich der Oise bis zur Aisne. Ob hierbei .schen / .eitete, durch das Eindrücken beider Flügel der deutschen Kampf....´.. ....griff in der Mitte zu er= leichtern, oder ob auf den Flügeln kampfkräftigere Truppen eingesetzt waren, ist nicht zu übersehen.

Skizze 2.

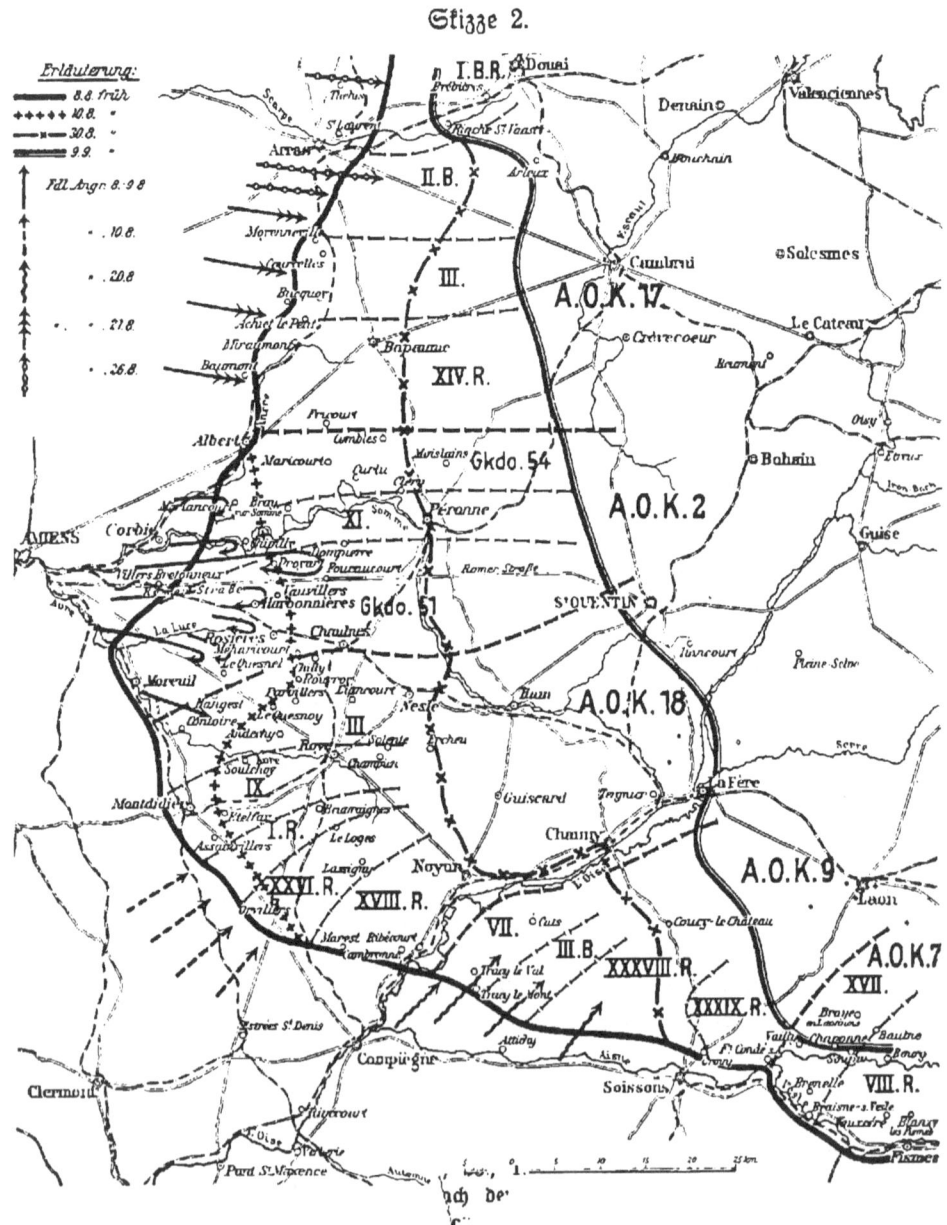

Am 26. August erweiterte der Feind die Kampffront noch mit 15 km Breite beiderseits Arras gegen den rechten Flügel der 17. Armee. Er stieß hier gegen das I. B. R. K. und das II. B. A. K. vor. In mehrtägigem, durch starke Tankgeschwader unterstütztem Ringen mußte das nördlich der Scarpe stehende I. B. R. K. 2 bis 3 km, das II. B. A. K. aber 5 bis 6 km weichen.

Am 30. August hatte sich die deutsche Kampffront, teils gezwungen, teils in freiwilligem Rückzuge, um den Anschluß an zurückgegangene Formationen zu sichern, zu einer annähernd geraden Linie von Biache—St. Vaast an der Scarpe—östlich Bapaume—Combles—Péronne—längs der Somme—östlich Nesle—Noyon entwickelt. Von dort lief die Front auf dem Nordufer der Oise aufwärts bis westlich Chauny und von hier über Coucy=le=Château auf Soissons, wo östlich der Stadt am Nordufer der Aisne der Anschluß an die 7. Armee genommen war.

Eine Unterbrechung der Kämpfe trat auch an diesem scheinbaren Abschnitt nicht ein. Die Schlachtfront hatte trotz der eingetretenen Verkürzung noch eine Ausdehnung von 130 km. Der Gegner drückte nach wie vor auf die äußersten Flügel, im Norden bei Arras und im Süden zwischen Oise und Aisne am stärksten, griff aber auch auf allen anderen Teilen des großen Kampffeldes an, erzielte die verschiedensten Einbrüche und zwang dadurch den Verteidiger dann auch an solchen Stellen zum Zurückgehen, wo er Angriffe abgewehrt hatte. Die Überlegenheit des Angreifers war so groß, daß er durch fortwährendes Vorziehen frischer Kräfte den Kampf dauernd nähren konnte. Gegenüber der 17. Armee brachte der Engländer zehn Divisionen, großenteils frische Truppen, ins Gefecht, mit denen er namentlich südlich der Scarpe einen größeren Einbruch in unsere Linien erzielte.

Allgemein wurden die deutschen Armeen, von den einzelnen vorerwähnten Offensivstößen abgesehen, dauernd von den Ereignissen getragen. Es war ein fortwährendes Ringen um einzelne Dorfreste, Höhen, zerschossene Waldstücke und zu kümmerlichen Gräben hier und da verbundene Geschoßtrichter. Am 2. September mittags gab die O. H. L. den Befehl, daß die 17. Armee in der kommenden Nacht mit dem Rückzuge in die Siegfriedstellung beginnen solle. In den folgenden Tagen folgten die anderen Armeen staffelweise. Nicht ohne Kämpfe, aber das Nachdrängen des Gegners war durchweg zaghaft, von einer Verfolgung nach siegreicher Schlacht war keine Rede, an vielen Stellen beschoß der Gegner erst stundenlang die von den Deutschen längst geräumten Linien, ehe er sich zum langsamen Nachdrücken entschloß. — Am 7. und 8. September standen die Armeen in der Siegfriedstellung in einer annähernd geraden Linie von Arleux nach St. Quentin—La Fère. Anschließend nach Süden lief die Front nach Condé und Bailly mit kleinen örtlichen Ausbuchtungen wie wir sie im Frühjahr 1917 besessen und an einigen Stellen verloren hatten, übrigens auch in einer ziemlich ungebrochenen Linie.

Die 7. Armee von der Heeresgruppe Deutscher Kronprinz nahm ihren rechten Flügel, das XVII. und VIII. A. K., von der Besselstellung hinter die Aisne zurück. — Diese Stellung der 7. Armee erhielt durch Fluß und Kanal zwar guten Tankschutz, übrigens war sie ungünstig, da sie von dem mächtigen Plateau Brenelle—Baurcéré—Blanzy=les=Fismes überhöht wurde, das auch dem Blick alles, was südlich davon sich ereignete, entzog.

Betrachtungen.

In einem rund vierwöchigen Ringen hatte der Gegner das in der Frühjahrsoffensive 1918 verlorene Gelände zurückgenommen. Sicher sind seine Verluste stark gewesen, auch hatte er jetzt ein Gebiet zu besetzen, das viermal her und hin von den Parteien durchschritten, das Gefechtsfeld monatelanger Kämpfe gewesen und als Vorfeld der Siegfriedstellung frei= gemacht worden war.

Aber dieses alles wog doch leicht gegen die deutsche Einbuße an Material, blutigen Verlusten und Gefangenen, namentlich in den ersten Kampftagen. Daß die Kampfkraft weiter zurückging bei den andauernden Rückzugskämpfen, bedarf kaum der Erwähnung. Schwer wog ferner die Minderung unserer moralischen Kraft. Es war auch dem letzten Musketier klar geworden, daß der gegnerische Vernichtungswille noch nicht ab= genommen hatte. Das mußte eine große Niedergeschlagenheit auch da hervorrufen, wo man das keineswegs überall mutige Vorgehen des Gegners richtig einschätzte. Der Feind war zwar stark ermattet und nur unter dem Schutze seiner Tanks angriffsfähig; aber selbst unsere guten Angriffsdivisionen waren ähnlich zermürbt. Die Möglichkeit ihrer Ab= lösung war nach dem großen Kräfteverbrauch in den Juli=Schlachten zwischen Marne und Aisne nicht mehr vorhanden, während der Gegner andauernd frische Kräfte in den Kampf bringen konnte.

Es erscheint mir ein schwerer Fehler, daß nach den festgelaufenen Offensiven im Frühjahr 1918 nicht mehr für den Ausbau der Kampf= stellungen und starker rückwärtiger, lediglich nach den Grundsätzen der passiven Verteidigung ausgewählten Stellungen geschehen ist. An Stelle der Kampfstellungen war die Theorie der beweglichen Verteidigung mit Vor= feld und Hauptwiderstandslinie getreten, worüber schon weiter oben gesprochen ist.

Nach den ersten unglücklichen Augustgefechten, während die Kämpfe

noch andauerten, gab der Chef des Generalstabes des Feldheeres für das
taktische Verhalten der Truppen noch einige Richtlinien heraus, die auf
den Erfahrungen dieser Zeit fußten. Der Angriff hätte nur dadurch Erfolg
gehabt, daß die Tanks die Infanterie überraschten, weit durchbrachen und
die Infanterie sich nun umfaßt glaubte. Die Tanks selber hätten keine
eigentliche Gefechtskraft. Sie schössen stark in der Luft umher. Es käme
deshalb darauf an, unsere Truppen davon zu überzeugen, daß die Tanks
bei richtiger Anwendung der Abwehrmittel verhältnismäßig ungefährlich
wären. Es hätte sich bewährt, die Tanks, soweit sie an unsere Linien
herankämen, durchfahren zu lassen und sich gegen die feindliche Infanterie
zu wenden, die an den meisten Stellen der Front nur zurückhaltend an=
gegriffen hätte. — Inwieweit diese Lehre noch durchgedrungen und befolgt
ist, muß dahingestellt bleiben, ebenso ob sie überall überzeugend war. Man
darf jedenfalls die moralische Wirkung dieser Kampfwagen nicht unter=
schätzen. Gerade sie war groß. — Auch für die Gegenstöße und Gegen=
angriffe suchte man neue Rezepte. Sie wurden angeblich zu planlos und
ohne Artillerieunterstützung geführt. Es wäre nötig, zunächst abzu=
riegeln und dann nach Klärung der Verhältnisse mit starker versammelter
Kraft zum Gegenstoß oder Gegenangriff zu schreiten. — Es ist unmöglich,
hierfür bestimmte Regeln zu finden. Vielfach scheint aber der Gedanke
verwischt zu sein, daß die Infanterie fast ausschließlich durch ihr Feuer
auf mittleren, vor allem nahen Entfernungen wirkt, was viele unerfahrene
Unterführer nur mühsam begriffen haben.

Die Siegfriedstellung war größtenteils als Hinterhangstellung gebaut,
ein System, was sich bei der überlegenen gegnerischen Artillerie an der
Westfront bewährt hat, da sie das beobachtete Artilleriefeuer annähernd
ausschaltet. Etwas Ideales, ein Allheilmittel gegen die der Verteidigung
anhaftenden Schwächen ist sie zwar auch nicht. Sie bietet aber doch größere
Sicherheit als die Verteidigung mit beweglichem Vorfeld aus den schon
oben erörterten Gründen. Die Siegfriedstellung war aber unfertig ge=
blieben, an vielen Stellen dürftig. Die an sich guten Hindernisse waren
für die Tanks von geringem Wert, was erklärlich ist, da man im Jahre
1917 mit ihrer großen Wirksamkeit noch nicht rechnen konnte. Für starken
Ausbau hatten die meist abgekämpften Divisionen nicht genügt. Auch
diese wechselten zu rasch. Ehe die Arbeitsorganisation richtig im Fluß war,
sich eingelebt hatte, rief die Not der Stunde zu oft die Arbeitstruppen nach
anderen Stellen der großen Kampffront.

Für den Ausbau weiterer rückwärtiger Stellungen hatte es vollends
an Kräften gefehlt. Die mit Namen aus der altdeutschen Heldensage be=
nannten Linien bestanden mehr auf dem Papier in schönen blauen
Linien. Es hatte dort an Arbeitskräften noch mehr gefehlt. Man

hätte sie nur durch eine frühzeitige und gründliche Revision unserer ver=
fehlten unglücklichen Ostpolitik gewinnen können. Ein genaues
statistisches Material über die damals im Osten vorhandenen und entbehr=
lichen Kräfte steht noch nicht zur Verfügung. In den Erinnerungen
Ludendorffs wird darüber leichthin mehrfach mit der Bemerkung hinweg=
gegangen, er habe „alle entbehrlichen Kräfte" nach dem Westen heran=
gezogen. Es fragt sich aber, wie diese Frage der Entbehrlichkeit gestellt
und wie sie beantwortet worden ist. Hindenburg sagt in seinen Erinne=
rungen (S. 310), nachdem er die Gründe für die Belassung der Truppen
in Bulgarien, in der asiatischen Türkei, in Rußland, in Finnland dargelegt
hat: „Zusammenfassend darf ich wohl behaupten, daß von unserer Seite
nichts unterlassen wurde, um möglichst alle unsere deutschen Kampfkräfte
im Westen zur Entscheidung zu versammeln. Wenn dies nicht bis auf
den letzten Mann gelang, so lag der Grund in Verhältnissen verschiedenster
Art, in keinem Falle aber in einer Verkennung der Wichtigkeit dieser
Frage von unserer Seite."

Die Bereitwilligkeit der Truppenführer, höherer wie niederer, etwas
abzugeben, ist sehr selten vorhanden. Jeder will das behalten, was er hat;
nur auf energischen Druck, oft unter Zurückstellung wichtiger Gegengründe,
die nur von einer alles übersehenden Zentralstelle auf das Für und Wider
geprüft werden können, läßt sich die zum Wohle des Ganzen nötige, oft
sehr harte Entscheidung treffen. Mit Recht läßt sich annehmen, daß wir
an der Ostfront im Sommer 1918 noch ein und eine halbe Million Soldaten
hatten, in Finnland, im Baltikum, in Polen, in der Ukraine bis Kiew, in
der Krim, im Kaukasus, in Palästina. — Wenn auch nicht etwa leichtsinnige
Zersplitterung der Kräfte getrieben sein mag, so waren doch allmählich die
Nebenaufgaben zu einem erschreckenden Umfange angewachsen, der hinaus=
ging über das Maß unserer Kräfte. In der Falkenhaynschen Darstellung
seiner Tätigkeit als Chef des Generalstabes des Feldheeres ist mir der
überall hervortretende Zug weiser Mäßigung, nüchterner Rechnung mit
der Wirklichkeit wohltuend aufgefallen. Wir wären vor einer Katastrophe
bewahrt geblieben, wenn dieser Grundsatz des Maßhaltens auch später
mehr betont worden wäre.

Zugegeben werden muß, daß eine plötzliche und scharfe Einschränkung
unserer Kampfziele, die volle Zusammenfassung unserer ganzen Kampf=
kraft an der Westfront einen herrischen, nur für einen starken Willen
möglichen Entschluß darstellte. Er mußte getragen sein von dem durch=
dringenden Scharfsinn eines Feldherrn und Staatsmannes ersten Ranges
zugleich. Nur ein Mann, der an Führergröße Napoleon in den Schatten
stellte, hätte sich zu ihm durchringen können. Hat der erste Kaiser der
Franzosen doch auch im Jahre 1813 keineswegs an das Aufgeben von

Italien, Spanien, die völlige Entblößung seiner rückwärtigen Ver=
bindungen, Zurückziehung der Entsendungen nach Berlin und Hamburg
gedacht, um den Verbündeten in Sachsen so stark wie irgend möglich ent=
gegenzutreten. Wir stehen staunend vor seiner organisatorischen Kraft,
mit der er neue Korps und Heere während des Waffenstillstandes schuf;
die Durchführung der strategischen Konzentration auf dem entscheidenden
Punkt ist auch ihm nicht voll gelungen. Denn so naheliegend immer dieser
Gedanke erscheint, so schwierig ist er in die Tat zu übersetzen; wäre das nicht
der Fall, so würde der kritische Beobachter in der Schreibstube hiergegen
nicht so viele Verstöße entdecken. Wenn in diesen Blättern hierauf hin=
gewiesen wird, so soll es weder eitles Besserwissen, noch billige nachträgliche
Kritik sein, sondern andeuten, woran wir nach Siegen und Opfern ohne=
gleichen schließlich zugrunde gehen mußten.

Der Weltkrieg hatte uns von einer Krise in die andere geführt; eine
nach der anderen hatten wir glücklich überstanden. Das hatte den Blick
für die Schwierigkeiten der Lage, für das Schwinden unserer Kräfte, das
Augenmaß für das rein taktisch Mögliche getrübt. Die beiden gelungenen
Offensiven im Frühjahr 1918 hatten zu einer Überschätzung unserer Kraft,
einer Mißachtung des den Gegnern durch die amerikanische Hilfe ge=
wordenen Kräftezuwachses geführt.

Ludendorff spricht an sehr vielen Stellen seines Buches von den
großen Fährlichkeiten unserer Lage, aber er setzt niemals genügend klar
auseinander, warum er nicht rücksichtsloser auf die Einschränkung unserer
Operationsziele im Osten hingewirkt hat. Warum ließ er sich durch die
Chimäre der russischen Getreidemengen verleiten, nach Kiew und Odessa
zu gehen? Es fehlte an einem klaren Urteil, an dem militärischen Instinkt
dafür, was man in der Ukraine an Lebensmitteln nicht nur erfassen,
sondern auch abtransportieren konnte. Es war sehr wenig, und einen
Teil nahmen uns gelegentlich unsere österreichischen Bundesgenossen noch
weg. — Was ging uns Finnland an? Jeder dorthin entsendete Soldat,
und wenn es auch nur eine Division war, fehlte für die Westfront. Die in
Polen, in der Ukraine und im Baltikum stehenden Divisionen waren gewiß
nur zum geringeren Teil Kampftruppen für die Schlachten im Artois oder
an der Marne; wenn davon aber nur eine halbe Million vom Sommer
1918 an rückwärtige Stellungen, z. B. die Antwerpen—Maasstellung, aus=
gebaut hätte, so konnte sich unmöglich unser Zusammenbruch militärisch
zu einer vollständigen Niederlage ausgestalten. Selbst der zersetzende
Einfluß der sozialistischen Propaganda hätte das nicht zuwege gebracht,
denn wir waren an der Front zwar zurückgedrängt und stark geschwächt,
aber nicht geschlagen. Unsere Gegner hatten nicht viel mehr innere
Kampfkraft als wir. Es klingt fast wie Hohn, wenn von verschiedenen

„Stellungen" in den Berichten gesprochen wird. Nicht allein die Siegfriedstellung war mangelhaft. An der Antwerpen—Maasstellung war, abgesehen von der Umwallung der Festung, die nach der Art des Geländes sich zum Ausbau wenig eignete, bis zum Oktober 1918 über= haupt noch nichts geschehen. Als der Befehl zur Arbeit gegeben wurde, fehlte es an allem: an Arbeitern, deren Unterbringung, Verpflegung, Arbeitsgerät. Es sollten Belgier dafür geworben werden, was natürlich in diesem Stadium des Krieges nicht gelingen konnte, denn sie mußten genau, wie es an der Front aussah. Nur mit Grausen kann sich der papiernen Befehle dieser Zeit jeder, der an verantwortlicher Stelle stand, erinnern.

Ob wir durch rücksichtslosere Zusammenfassung unserer Kräfte an der entscheidenden Westfront, durch die Aufgabe phantastischer Kriegsziele, durch Zurückstellung unserer Randstaatenpolitik den Krieg gewonnen, den Vernichtungswillen unserer Gegner gebrochen hätten, kann niemand wissen. Sicher ist aber, daß nicht alles geschehen ist, um es zu versuchen, und daß wir nicht schon im Herbst 1918 die Wilsonschen 14 Punkte vergeblich anzunehmen brauchten, gerade in dem Augenblick, als unsere Lage be= sonders schwierig war. Daß auch Annahme dieses Angebots nicht genügen würde, um uns von dem gegnerischen Vernichtungswillen zu befreien, konnte doch kein Einsichtiger bezweifeln.

Mangelnde Versammlung unserer Kraft auf dem entscheidenden Kriegstheater, die Jagd nach militärpolitischen Phantomen waren also ein wesentlicher Faktor für unser Unglück. Militärische Bedrängnis und politische Verhetzung gingen Hand in Hand, weder die eine noch die andere allein hätten uns wehrlos gemacht. Das Zusammenwirken beider ent= lockte früher tüchtigen Truppen die ominösen Zurufe: „Kriegsverlängerer! Streikbrecher! Haut ihn!" — Dieses Bekenntnis ist keine überflüssige, schäd= liche Selbstanklage, sondern kann nur die Überzeugung festigen, daß Deutschlands historische Sendung noch nicht abgeschlossen ist, daß wir wohl imstande gewesen wären der Welt von Feinden zu widerstehen, wenn wir uns von ganz bestimmten Fehlern freigehalten hätten, nicht nur außer= politischen, sondern auch spezifisch militärischen.

In den von Mitte Juli bis Ende August sich abspielenden, für uns so verlustreichen Schlachten hat die amerikanische Hilfe eine große, vielleicht entscheidende Rolle gespielt. Es ist der Glaube verbreitet, daß die Stärke der amerikanischen Hilfe unsererseits unterschätzt wäre, und daß erst die Kämpfe im Sommer 1918 uns gründlich eines anderen belehrt hätten. Ein sachkundiger, durch seine Tätigkeit als Chef der Abteilung „Fremde Heere" bei der O. H. L. zuverlässiger Beurteiler, der Major v. Rauch im Generalstabe, hat sich über diese Frage im „Militär=Wochenblatt" ge=

äußert*). Er kommt zu dem Schluß, daß die amerikanische Hilfe bis zum Frühjahr 1918 nicht allein nicht unterschätzt, sondern überschätzt wäre, es hätten im März 1918 nicht, wie erwartet, 15, sondern nur 6 amerika= nische Divisionen an der Front gestanden. Der dann erfolgende schnelle Antransport hätte allerdings überrascht. — Der Oberstleutnant Nicolai, Chef der Abteilung III B im Gr.H.Qu., bestätigt in seinem Buche „Nachrichtendienst, Presse und Volksstimmung im Weltkriege"**) dies Urteil; er gibt aber gleich= zeitig zu, daß das Massenauftreten der Tanks eine Überraschung gewesen sei.

Bald nach Kriegsende sind die amerikanischen, auf dem europäischen Festlande verwendeten Truppenstärken nach amtlichen Angaben ver= öffentlicht worden unter dem Titel „Die Leistungen der Vereinigten Staaten April 1917 bis November 1918, herausgegeben vom committee on public information United States of America***). Hiernach waren am 1. November 1918 an der Front oder eingeschifft 2 008 931 Offiziere und Mannschaften, und Amerika hatte sich verpflichtet, ab 1. Juli 1919 in Frankreich 4 Millionen Mann stehen zu haben. Danach kann man im Sommer 1918 die amerikanischen Truppen auf mindestens 1¼ Million Mann veranschlagen. Sie hatten viele Nichtkombattanten bei den Trains, in der Etappe, bei den Eisenbahnen und Werkstätten. Trotzdem dürfte die amerikanische Armee schon bei den Sommerkämpfen mit einer Million Streitern zu veranschlagen sein. Im Spätsommer 1918 waren 40 Divi= sionen an der Kampffront von der Nachrichtenabteilung der O.H.L. er= mittelt. Geschulte Flieger sollen in Europa 2000 Mann und im ganzen 9987 Flugapparate vorhanden gewesen sein. Bezüglich der Waffen, Munition, Verpflegung, Ausrüstung, Bekleidung bestand Überfluß.

Der Transport über See war glänzend gelungen, alle Berechnungen und Voraussagen der Marinesachverständigen hatten sich als irrig erwiesen, wahrscheinlich auch die Ansicht, daß für den einzelnen Mann zum Trans= port über den Ozean 4 t Schiffsraum, daß also für eine Million Soldaten 4 Millionen t erforderlich wären. Dazu käme dann noch der Bedarf an Schiffsraum für Munition, Verpflegung, Kriegsbedarf aller Art. Die nötigen Schiffe würden keinesfalls verfügbar sein. Ob diese Rechnung überall stimmt, bleibe dahingestellt. Tatsache ist, daß der Transport geglückt ist, als von England die amerikanische Hilfe nach unserer Frühjahrsoffensive dringend gefordert wurde. Als Aushilfsmittel ist z. B. behufs gründlicher Ausnutzung des Schiffsraums in Schichten von sechs bis acht Stunden geschlafen. Dies war bei einer Transport= dauer von 14 Tagen unbedenklich, da man den Truppen nach der Über= fahrt entsprechende Ruhe geben konnte.

---

*) Militär=Wochenblatt Nr. 144 vom 7. Juni 1919. — **) Berlin 1920. E. S. Mittler & Sohn. — ***) 1919. P. Müller=Frey Verlag, Bern.

Für die Überführung blieb als Hauptgefahr das U.=Boot. Der Unter=
seekampf hat keine der auf ihn gesetzten Hoffnungen erfüllt. Hinsichtlich
der Verhinderung des amerikanischen Aufmarsches in Frankreich hat er
vollkommen versagt. Nicht e i n großer beladener Transporter ist versenkt.
Die Gutachter i n der Marine oder f ü r sie haben sich vollständig in
Illusionen gewiegt. Das den Schlußfolgerungen zugrunde gelegte Zahlen=
material ist entweder falsch gewesen oder der Verwertung fehlte der
unumgänglich nötige Scharfsinn. Die bei Beginn des verschärften U.=Boot=
krieges mit Nachdruck vertretene Ansicht, wir würden England matt setzen,
wenn es gelänge, sechs Monate hindurch je $\frac{1}{2}$ Million t zu ver=
senken, war unzutreffend. Wir haben — nach den offiziellen Angaben
des Admiralstabes — 20 Monate hindurch diese Zahl fast immer erreicht,
sehr oft erheblich überschritten, und doch wurde England nicht auf die Knie
gezwungen. An dieser Tatsache ändert auch nichts die hier und da von
englischer Seite gefallene, aber unverbindliche Bemerkung, wir wären nahe
daran gewesen. Es haben eben irrige Ansichten über den vorhandenen
Schiffsraum, über die Möglichkeit, die Neubauten schnell zu beschaffen, be=
standen, die das Schlußurteil als ganz unzutreffend ergaben.

Die amerikanische Hilfe war noch rechtzeitig eingetroffen und griff vom
Sommer 1918 entscheidend in den Kampf ein.

Nicht mit Unrecht ist hinsichtlich der mangelhaften Kriegsvorberei=
tungen bei den Mittelmächten auch der Vorwurf erhoben, daß es an einem
gemeinsamen Oberbefehl, namentlich für Deutschland und Österreich, ge=
fehlt hätte. Der Vorwurf ist begründet. Die Tatsache steht aber fest, daß
der Fehler allen Koalitionskriegen mehr oder weniger lange anhaftet, daß
es sogar in derselben Armee nur zu oft innerhalb der verschiedenen Ressorts
an der gebotenen Zusammenarbeit fehlt. Der General v. Kuhl weist in
seinem ausgezeichneten Buche „Der Deutsche Generalstab in Vorbereitung
und Durchführung des Weltkrieges" (S. 99. Berlin 1920. E. S. Mittler
u. Sohn) sogar ausdrücklich darauf hin, daß die Gefahr einer Blockade
von der Marine in Verbindung mit den Militär= und Zivilbehörden nicht
zu einheitlichem Austrag gebracht worden ist. Es war ein Fehler. — Von
unseren Gegnern aber ist die Frage des gemeinsamen Oberbefehls erst im
April 1918 geregelt worden, als wir im Zuge zu sein schienen, auf Paris
vorzudringen.

Der Marschall Foch als Feldherr im Jahre 1918.

Der gemeinsame Oberbefehl in der Entente wurde unter dem Eindruck
unserer glänzenden Offensive im März dem General Foch übertragen. Er
sollte der Mann werden, die durch 1¼ Million amerikanischer Soldaten ver=

stärkte gewaltige Kriegsmaschine der Entente zu lenken und zum Siege
zu steuern. Unsere Gegner knüpfen an seinen Namen die vorstehend
skizzierten Erfolge zwischen Soissons—Château Thierry, in der Pikardie
und im Artois, in der weiteren Folge die sich daraus schließlich ergebenden
rückgängigen Bewegungen der deutschen Heere. Die Einzelheiten seiner
Berufung, die Angriffe gegen die höhere Führung nach der schnell fest=
gelaufenen Offensive im Frühjahr 1917 interessieren hier ebensowenig, wie
die Tätigkeit von Foch in der ersten Marneschlacht und bei den Kämpfen in
Flandern 1914. Er ist dort unter Oberleitung des Marschalls Joffre als
tatkräftiger, von einem starken Optimismus durchdrungener und vom
Glück begünstigter Führer hervorgetreten, hatte also schon merkliche Kriegs=
verdienste, als er die französische Oberste Heeresleitung übernahm. Seine
Eigentümlichkeiten wiegen schwer: Tatkraft, Optimismus und — — Glück.
Er galt außerdem in Frankreich als eine Leuchte der militärischen Theorie
nach Veröffentlichung mehrerer Werke über den großen Krieg, die wohl
den Extrakt seiner Vorlesungen an der école supérieure de la guerre
bilden. Es ist bekannt, daß man in Frankreich theoretisches Wissen höher
bewertet als bei uns, da es dort weniger verbreitet ist. Aus den Werken
des Marschalls ist eine merkliche Geringschätzung des Moltkeschen Genius her=
vorzuheben, indem er den Feldmarschall wesentlich hinter den ersten Kaiser
der Franzosen stellt. Vermutlich hat er des Grafen Schlieffen Mono=
graphie über den Feldzug 1813 in Sachsen noch nicht gekannt, wo der
„Mann der Massebildung" eine kritische und geniale Beurteilung erfährt.
Auch scheint sich Foch nicht in eingehendes Studium des Feldzuges 1812 in
Rußland versenkt zu haben, sonst würde ihm deutlich geworden sein, daß
Napoleon von der Bewegung der modernen Massenheere nur eine sehr
dunkle Vorstellung hatte; was den großen Korsen in den Abgrund führte,
während Moltke und seine Gehilfen diese Probleme der Neuzeit genau
kannten, Massen zu bewegen verstanden und ihnen Erfolge sicherten.

Foch müßte es als blutigen Hohn empfinden, wenn seine strategischen
Talente von einer sachmännischen Feder mit Bewunderung geschildert
würden. Er hatte keine Gelegenheit, diese vielleicht in ihm wohnenden
Gaben im Jahre 1918 zu betätigen, weil in dem großen Schlußdrama des
Weltkrieges für die strategische Kombination kein Raum war.

In dieser kurzen Schilderung habe ich mehrfach darauf hingewiesen,
daß es für die Ententemächte lediglich darauf ankam, die vorspringenden
Bogen der deutschen Front an der Marne und bei Amiens an den
Flanken einzudrücken und, wenn dies gelang, den Rückzug der noch fest=
stehenden Teile zu bedrohen. Dieser Plan lag so nahe, daß es mir wenig
angemessen erscheint, seine Anwendung zu bewundern. Jedem nur mittel=
mäßig beanlagten Fähnrich könnte sein Aufgreifen keine besondere Ehre

einbringen. Hätte Foch anders verfahren, so müßte man nur über seine Kurzsichtigkeit staunen. Bleibt also zu prüfen, ob die A u s f ü h r u n g des gegebenen Planes wirkliche Größe erkennen läßt. Auch diese Frage glaube ich verneinen zu sollen. Denn alles, was mit der Bereitstellung der Truppen, der Artillerie, des massenhaften Materials, des Nachschubs an Munition und Verpflegung zusammenhängt, ist nicht seine Arbeit, sondern die seiner oft in ganz untergeordneten Stellen befindlichen Ge= hilfen. Die Bereitstellung aller Kampfmittel bot aber nach dem Eintreffen der Amerikaner und der dadurch gewonnenen großen Überlegenheit keine Schwierigkeiten. Die Ententemächte waren ü b e r a l l stark, ein Hin= und Herwerfen größerer Massen kam nicht in Frage.

An die großen Sommerkämpfe zwischen Marne und Aisne sowie der Pikardie schlossen sich die Angriffe unter Foch's Oberleitung in Flandern, der Champagne und in Lothringen. Hieraus hat man den angeblichen Plan abgeleitet, sein Streben sei darauf gerichtet gewesen, das ganze deutsche Heer auf beiden Flügeln zu umfassen und ihm ein Sedan größten Stils zu bereiten, ein Plan, der mißlungen und deshalb verfehlt gewesen sei. Mir will dieser Gedankengang nicht einleuchten. Im Gegenteil glaube ich, daß es mit Recht überall für Foch lediglich auf die Erringung örtlicher Erfolge ankam, daß er versuchte, in einer riesigen Parallelschlacht die Deutschen vom französischen und belgischen Boden zu vertreiben. Bei nüchterner Betrachtung der eigenen und der gegnerischen Kampfkraft konnte er auch gar nicht anders denken und handeln. Ein Mehr wäre Phantasterei gewesen. Von einem schnellen oder gar panikartigen Rück= zuge früherer Kriege oder nach dem Beispiel von Tannenberg und Gorlice—Tarnow war an keiner Stelle der riesigen deutschen Front die Rede gewesen. Überall hatten wir uns wieder setzen können und die Gegner zu erneutem Vorbringen der starken Artillerie, umfassendem Munitionsnachschub und neuem, meist sehr zaghaftem Nachdrücken unter Zuhilfenahme der Tanks veranlaßt. Es sind mir auch noch keine fran= zösischen Stimmen bekannt geworden, die das Gegenteil behaupten. Dem feindlichen Obergeneral wird nur die Bemerkung in den Mund gelegt, die Deutschen seien nicht mehr wie vordem, ihre Widerstandskraft wäre nicht mehr die alte. Damit hatte Foch wohl für einige Divisionen das Richtige getroffen, denn das Gift der aus der Heimat zuströmenden Hetzarbeit hatte seinen zersetzenden Einfluß begonnen.

In dieses Bild passen auch die uns bekannt gewordenen Befehle des Marschalls Foch, mit denen er im Oktober seine Armeen immer wieder zu neuem Nachdrücken ohne Rücksicht auf die schweren Verluste anspornen, fast beschwören mußte, um die allgemeine Vorwärtsbewegung einiger= maßen im Fluß zu erhalten. Es erscheint zweifellos, daß bei dem Vor=

handensein irgendeiner, den möglichen Rückzug frühzeitig ins Auge fassen=
den, rückwärtigen Stellung, z. B. eine ausgebaute Antwerpen—Maas=
stellung, die einigen Tankschutz gewährte, wir den Krieg noch durch den
Winter 1918/19 hätten fortsetzen können, um einigermaßen annehmbare
Friedensbedingungen zu erhalten. Nötig wäre allerdings gewesen, daß der
heimatlichen Hetzarbeit Einhalt geboten, wir unsere Selbstentmannung nicht
geflissentlich getrieben hätten.

Somit halte ich dafür, daß uns nicht das Genie des Marschalls Foch
geschlagen hat, sondern der „General Tank", d. i. eine neue Kriegs=
maschine, in Verbindung mit der ausgedehnten amerikanischen Unter=
stützung. Den Rest gab uns dann die sozialdemokratische Irrlehre, die
Ideen von Völkerverbrüderung, der Gedanke, Deutschland brauche nur die
Waffen abzulegen, um einen Frieden der Gerechtigkeit zu erlangen. Beides
zusammen hat uns in Schmach, Elend und Ehrlosigkeit gestürzt. Das Bild
des englischen Generals Maurice, dem deutschen Heer sei durch die Heimat
der Dolch meuchlings in den Rücken gestoßen, ist richtig.

Es ist eine durch Vorgänge gerechtfertigte Übung, daß diejenigen Ge=
nerale, die zum Nutzen Englands festländische Kriege ausgefochten haben,
nach London reisen und dort mit prunkhaften Festen gefeiert werden. Das
hat schon Blücher nach seinem Siege über den großen Korsen getan. Die
Ehrungen des Feldmarschalls „Vorwärts" überstiegen alles Dagewesene;
hat der Alte doch damals selbst gesagt: „Wenn ich nicht toll werde, so ist es ein
Wunder, ich muß über mich selbst wachen, daß ich nicht zum Narren werde."
Nach dem Kriege 1870/71, als der englischen Politik eine starke
Demütigung Frankreichs noch nicht zuwiderlief, und Deutschland mächtiger
werden durfte, ist dem Sieger von Wörth, dem späteren unglücklichen
Kaiser Friedrich, in England lebhaft gehuldigt. Im Jahre 1919 konnte
man kaum eine französische Zeitung in die Hand nehmen, ohne auf
glühende, dem Marschall Foch gewidmete Lobreden zu stoßen. Mit Ge=
wissenhaftigkeit schilderte die Presse verschiedenster Parteirichtung, wie er
auf seinen Reisen hier mit der Eskorte eingeholt, angeredet, gefeiert
worden, dort mit der Reitgerte in der Hand durch die Straßen ging und
Kindern weise Lehren erteilte. Wer wollte es den leicht entzündbaren
Franzosen verdenken, daß sie dem Manne zujubelten, den sie als den Be=
freier von dem vierjährigen furchtbaren Druck der Deutschen betrachteten.
Das Land suchte nach einem Mann, den es als den Organisator der Ein=
heitsfront und des Sieges feiern konnte. Vor ihm trat auch Clemenceau,
von Joffre zu schweigen, zurück. Wie hundert Jahre vorher Blücher, so
ging auch Foch nach London, um sich als Huldigungsobjekt auszustellen.
Aus den Festreden und den Leitartikeln der „Times" möge hier einiges
vor der Vergessenheit in unserer schnellebigen Zeit bewahrt werden: „Von

allen unseren Festlichkeiten seit Kriegsende erschien keine mehr am Platze, als die in der Guildhall. Ihre feierliche Aufmachung, die Größe der an= erkannten Leistung, die Einfachheit und Wahrheit der dabei gesprochenen Worte, die gewaltige Bedeutung für unsere Geschichte in Vergangenheit und Zukunft und der Zauber, der von der Hauptperson ausging, von einem Franzosen, der von einem dankbaren Lande eine öffentliche Dank= sagung in ihrer charakteristischen britischen Gestalt erhielt, alles trug dazu bei, den Tag unvergeßlich zu machen. Und die Stimmung in den Straßen war in Einklang mit der Szene in der Guildhall.

„Die Menge drängte sich von selbst, nicht um ein Schauspiel zu sehen, sondern weil sie den Marschall Foch bewundern gelernt hat und in ihm den größten Ausländer anerkannte — wenn wir das Wort Ausländer nach der gestrigen Zeremonie gebrauchen dürfen —, der jemals die Operationen einer britischen Armee geleitet oder zur Gestaltung der Geschicke des britischen Volkes beigetragen hat. Und die Haltung des Marschalls Foch in unserer Mitte hat, wenn der Ausdruck erlaubt ist, das Gefühl der Be= wunderung in etwas Stärkeres und Tieferes verwandelt. In jedem Wort und in jeder Handlung zeigte er hier die Einfachheit der Größe, die Be= scheidenheit des wahren Helden. Es war eine eigenartige und ergreifende Lage für einen französischen Marschall. Nur einen einzigen französischen Soldaten — den Marschall Soult — hatte London bisher erlebt, durch seine Straßen reiten zu sehen und von unseren Hochrufen begrüßt zu werden. Aber während er lediglich als Vertreter seines Landes bei der Krönung der Königin Viktoria sich hier aufhielt, kam Marschall Foch kraft des Rechts, seines eigenen Genies. Wenn die Menge 1831 Soult hochleben ließ, bereitete sie damit ihm persönlich keine Huldigung, sondern brachte dadurch lediglich den Wunsch, durch seine Vermittlung mit dem fran= zösischen Volke Freundschaft zu schließen, und ihr Bedauern für die Miß= verständnisse der Vergangenheit zum Ausdruck. (Mißverständnisse?!) Aber gestern reichten wir uns die Hand im Gefühl einer im Leid erprobten und sieggekrönten Freundschaft, die stärker ist als zu der Zeit, wo der Bund zuerst geschlossen wurde. Wir sind dankbar für unsere verflossene Freundschaft im Kriege und voll freudiger Erwartung der Segnungen unserer künftigen Kameradschaft im Frieden.

„Über Marschall Fochs Persönlichkeit im Kriege sprach Sir Douglas Haig auf Grund so enger Beziehungen, wie kein anderer britischer Soldat sich ihrer erfreut hat, abgesehen vom Feldmarschall Sir Henry Wilson, der vor dem Kriege eng mit ihm befreundet und sein Kamerad in den Prüfungen des Feldzuges war. Die City brachte durch ihren Wortführer in treffender Weise zum Ausdruck, wie wir Laien seine Größe würdigen. Sache der Soldaten ist es, das militärische Genie unseres neuen Feld=

marſchalls zu ergründen, und Sache der Geſchichte wird es ſein, es zu
prüfen. Aber wie die Meiſterwerke der Dichtkunſt dem einfachen Mann
ebenſo verſtändlich ſind wie dem Gelehrten, ſo hat das vollendete mili=
täriſche Genie die Eigenſchaft, den Laien nicht weniger zu bannen als den
Sachverſtändigen. Marſchall Fochs eigentümliche Größe nicht nur als
Menſch, ſondern als Soldat iſt ſein Glaube an die Kraft des Ideals. Wenn
eine Lehre in gleicher Weiſe aus ſeinen Schriften über den Krieg wie aus
ſeinen Führertaten im Felde hervorgeht, ſo iſt es die, daß Sieg und Nieder=
lage weniger phyſiſche und greifbare Dinge als Gemütsverfaſſung ſind.
Nichts iſt im Kriege eine vollendete Tatſache, das Denken macht ſie erſt
dazu. — Une bataille ne se perd materiellement. Unter dem Einfluß
deutſcher Theorien haben ſich viele gefragt, ob Napoleon ſeine wirkliche
Meinung ausſprach, als er ſagte, im Kriege ſei das Verhältnis der morali=
ſchen Faktoren zu den realen Kräften wie 3 : 1. Marſchall Foch, in dieſem
Punkte ebenſo wie bezüglich der Taktik und Strategie der Hüter der
Napoleoniſchen Überlieferung, hat uns bewieſen, wie wahr dieſer Ausſpruch
iſt. Das was den Sieg errang, war nicht irgendein taktiſches Manöver
oder wie ein Blitz ſtrategiſchen Genies, ſondern der überlegene Geiſt der
verbündeten Heere, der zum Teil auf die Gerechtigkeit unſerer Sache zurück=
zuführen iſt und — was noch wichtiger iſt — der überlegene Geiſt unſerer
Führer; denn von den Führern gilt es wie von den Mannſchaften, daß es
in letzter Linie auf den Charakter ankommt. Wie Marſchall Foch es
geſtern ausdrückte, brauchte er ſich nur an den Empfindungen ſeiner Sol=
daten zu begeiſtern und der Sieg war ihm ſicher ...."

In dieſem Tone ging es weiter, die beiden Hauptteilnehmer am
Kriegsgeſchäft verſichern ſich ewiger Liebe und Treue.

Feſtreden und Leitartikel der Zeitungen ſind weder Denkſchriften über
Operationen noch ein kriegsgeſchichtliches Kolleg, ſondern auf den Augen=
blickserfolg für die beim guten Mahle Sitzenden oder die meiſt urteils=
loſen Maſſen berechnet. Trotzdem müſſen aber dieſe Exkurſe eines Welt=
blattes in die Geſchichte wie den militäriſchen Verlauf des Krieges ab=
ſtoßend wirken. Vor dem nüchternen Urteil reizen ſie nur zur Prüfung,
was an der Lobhudelei wirklich zutreffend iſt; wenig! —

Während der Waffenſtillſtandsverhandlungen, noch mehr im Laufe der
Friedensverhandlungen und weiterhin, iſt der Marſchall Foch unſer un=
erbittlicher Feind geblieben, was aber nicht hindern könnte, ſeine Führer=
talente anzuerkennen, wenn ſie ſichtbar geworden wären. Keine Gelegen=
heit ließ er vorbeigehen, die Bedingungen zu verſchärfen, den nicht durch
ſeine Feldherrnkunſt, ſondern durch Ereigniſſe, zu denen er nur ſehr wenig
beitrug, beſiegten Gegner zu ſchwächen, ihm immer neue Demütigungen
zuzufügen. Sein Verhalten mußte den Anſchein erwecken, als ob er ſehn=

süchtig den Augenblick erspähte, um den Krieg weiter nach Deutschland zu
tragen und den Ruhm als grand capitaine, als Feldherr, noch zu erringen,
den ein nüchternes, fachmännisches Urteil ihm bis dahin vorenthalten
mußte. — Es ist ihm nicht gelungen, und die Aussicht ist nicht eben groß, daß
es ihm nachträglich noch gelingen wird. — Ob diese Ansicht über das Innen=
leben des französischen Nationalhelden zutrifft oder ob ihn auch, wie all=
gemein in Frankreich, die große Angst vor einem wieder erwachenden
Deutschland beherrscht, diese Frage mag unbeantwortet bleiben. Sicher ist,
daß er sich öffentlich zu der Ansicht bekannt hat, für Frankreich e n d e d i e
d e u t s c h e G e f a h r e r s t a m R h e i n.

Schluß.

Die in der zweiten Hälfte des Juli und im August ausgegebenen
abendlichen Heeresberichte ließen die wahre Lage an der kämpfenden
Front nicht ohne weiteres erkennen. Die Wendungen über die bewegliche
Front, die Zurücknahme der Truppen in rückwärtige Stellungen, geglückte
örtliche Gegenstöße mit Wiedereroberungen von Dorfresten, konnten aber
schließlich nicht mehr über den tatsächlichen Verlauf der schweren für uns
nachteiligen Kämpfe hinwegtäuschen. Die zur Nachprüfung regelmäßig
herangezogenen Funksprüche des Eifelturmes bestätigten es auch dann,
wenn man die Übertreibungen hüben und drüben in Betracht zog. — Wer
die Gesamtlage auf den zahlreichen Kriegsschauplätzen nicht übersah, durfte
sich aber in der Hoffnung wiegen, mindestens die Möglichkeit für vor=
liegend halten, daß die O. H. L. noch an anderen Stellen der bedrängten
Westfront frische und starke Kräfte bereit hielt oder zusammenzog, um durch
eine große Offensive die Nachteile wett zu machen, z. B. in der Champagne
oder an der Ypernfront.   Hatten wir uns doch noch im Frühjahr und
Sommer immer tiefer in Rußland verbissen, das für viele Kenner ganz
unverständliche Unternehmen nach Finnland eingeleitet. Erst als feststand,
daß für einen größeren Gegenschlag keine Kräfte mehr zur Verfügung
standen, brach sich die Überzeugung Bahn, daß uns die Kämpfe im Juli
und August 1918 den Sieg endgültig entrissen hatten. Wir waren erschöpft;
die Frage des Ersatzes war nicht mehr zu lösen; der Bogen war überspannt,
der Nachschub an Menschen brachte zum größten Teil widerwillige Kämpfer.
Im entscheidenden Augenblick hatte das Augenmaß für das taktisch Mög=
liche gefehlt, dies Augenmaß, eine spezifische Eigenschaft des Genies.

Dies alles brauchte uns aber noch nicht in eine Katastrophe zu führen,
sie konnte uns erspart bleiben, wenn eine starke Hand den inneren echt
deutschen Hader niedergehalten hätte.

Ernst Siegfried Mittler und Sohn, Buchdruckerei G. m. b. H., Berlin SW 68, Kochstr. 68—71.

Zeitfracht Medien GmbH
Ferdinand-Jühlke-Straße 7
99095 Erfurt, Deutschland
produktsicherheit@kolibri360.de